A COURSE IN MIRACLES®

奇迹课程

心灵平安基金会授权
云南出版集团公司
云南人民出版社

奇迹课程

教师指南
词汇解析
心理治疗
颂祷

若水 译

心灵平安基金会授权
云南出版集团公司
云南人民出版社

奇迹课程

教师指南
词汇解析

心灵平安基金会

目 录

教师指南

词汇解析

教师指南

导　言

1. 教与学的角色在世俗的观念中，其实被颠倒了。[2] 这种颠倒乃是意料中的事。[3] 它将老师与学生视为两个分立的个体，老师传授的对象只限于学生，而不包括他自己。[4] 它把教学行为视为某种特殊活动，只占了此人一小部分的时间。[5] 然而，本课程所强调的却是：教就是学，老师与学生其实是互为师生。[6] 它又强调：教学乃是一种持续不断的过程，时时刻刻都在进行中，一直延续到睡梦的念头里。

2. 教人，其实就是以身作则。[2] 世上只有两种思想体系，你时时刻刻都在向人示范自己究竟相信哪一个才是真的。[3] 别人会从你的表率中耳濡目染，你也不例外。[4] 问题不在于你愿不愿意教人，而是你根本没有选择的余地。[5] 我们可以这样说，本课程不过教你如何本着自己想要学的去选择自己所愿教的。[6] 除了你自己以外，你无法给人任何东西，你会从教的经验里明白这一事实。[7] 教学的机会不过是邀请你为自己的信念作证而已。[8] 这一方法有扭转信念之效。[9] 不是光靠说说而已。[10] 你必须把每一遭遇视为你的教学机会，你是在告诉别人自己是什么，他们在你心中又算什么。[11] 仅此而已，不多也不少。

3. 因此，你的课程完全根据你认为自己是什么，以及别人与你的关系在你心目中的意义而定。[2] 在正式的教学场合中，这些问题也许与你想要传授的内涵根本是两回事。[3] 然而，你不能没有一个具体的场景供你发挥自己真正想要教也是你真正学到的东西。[4] 为此，你教人时的口述部分反而变得无关紧要了。[5] 两者也许相得益彰，也许毫不相干。[6] 你所学到的其实是藏在你教学口述部分下面的信息。[7] 教人只是为了强化你对自己所怀的信念而已。[8] 它真正的目的是要帮你消除你对自己的怀疑。[9] 这并不表示你企图保护的那个自我是真实的。[10] 它要说的是：你所教的不外乎你视为真实的那个自己罢了。

4. 这是必然的现象。[2] 无人得以幸免。[3] 除此之外，还有什么其他的可能？[4] 世俗中人在改变他的原有想法之前，不可能不随波逐流的；在世俗的熏陶下，他“教”的目的不过是说服自己接受一个不是自己的假相罢了。[5] 这正是世界存在的目的。[6] 此外，它还可能教你什么课程？[7] 它传授的不外乎绝望与死亡，为此，上主才会派遣他的教师进入这个无望且封闭的人间学堂。[8] 上主的教师也只能在传授他的喜乐与希望的课程之际，完成自己的学习历程。

5. 若缺了上主的这群教师，世界得救的希望极其渺茫，因为罪在世间永远显得真实无比。[2] 自我欺骗的人，不可能不骗人的，因为他们只可能教人如何说谎。[3] 这不是地狱，还会是什么？[4] 这部指南是为上主的教师们所写的。[5] 他们并非十全十美，否则他们就不会活在人间了。[6] 然而，他们此生的使命即是活出完美，因此他们会以种种形式，反反复复地教人完美之道，直到自己学会为止。[7] 然后他们就会消失了踪影，而他们的思想却永远成为力量与真理的泉源。[8] 他们是谁？[9] 他们是怎么选出来的？[10] 他们做了什么？[11] 他们究竟是如何完成自己与世界的救恩的？[12] 这部指南将会答复你这些问题。

壹. 谁是上主之师？

1. 任何人只要决心成为上主之师，他就是。[2] 他只须具备一项资格，就是：他在某时某地，以某种形式下定决心，要把别人的福祉与自己的福祉视为同一回事。[3] 心定志坚之后，他的道路便已开启，他的前程万无一失。[4] 一道光明射入了黑暗之中。[5] 即使只是一线光明，已经绰绰有余。[6] 他与上主签了一个协定，即使他可能并不相信上主这一回事。[7] 他已成为传递救恩的使者。[8] 他已成了一位上主之师。

2. 这些老师来自世界各地。[2] 来自各种不同的宗教背景，甚至毫无宗教背景。[3] 他们只是答复了上主的召唤。[4] 这一召唤原是向普世众生而发的。[5] 它一刻不息也无所不在。[6] 它召请教师们充当它的代言人，拯救世界。[7] 闻其声者颇众，答复者却几希。[8] 然而，这是迟早的事。[9] 每个人最后都会答复的，只是这个结局可能拖延了百千万劫。[10] 为此之故，他制订了一个上主之师的计划。[11] 他们的任务纯粹是帮人节省时间。[12] 每个人开始时都仅如一线光明，只因这光明以上主的感召为核心，故能遍照寰宇，无远弗届。[13] 若以世界的时间来衡量，每道光明都能省下千年的光阴。[14] 然而，时间对那神圣的召唤本身而言，其实毫无影响。

3. 每位上主之师都有自己待学的课程。[2] 他们学习的途径极其不同。[3] 教学的素材也各具特色。[4] 但课程的内涵永远不变。[5] 它的中心主题始终是："上主之子是清白无罪的，他纯洁的本性正是他的救恩所在。"[6] 传授这一中心思想可不拘形式，可以用行动或意念；亦可有声或无声；可用某种语言，或不用语言；可在任何时刻地点或用任何方式进行。[7] 这位老师在听到召唤之前究竟是怎样的人，也无关紧要。[8] 只要他答复召唤，便已跻身于人间救主之列了。[9] 他开始视人如己。[10] 他也由此寻回了自己以及世界的救恩。[11] 世界就在他的重生中获得了新生。

4. 这是一部相当具体的教学指南，是为那些各以不同形式传授这一普世性课程的老师而编制的。[2] 世上还有成千上万不同的课程，终将殊途而同归。[3] 只不过这一课程能够帮你节省时间而已。[4] 如今只有时间还欲振乏力地在人间徘徊，世界早已活得疲累不堪了。[5] 它历尽沧桑，毫无指望地撑在那儿。[6] 它的结局从来不是问题，试问有谁改变得了上主的旨意？[7] 但是，时间领域内生死无常的幻相却能把世界及万物折磨得奄奄一息。[8] 然而，时间终会走到它的尽头；上主之师的使命则是让这一天早日来临。[9] 因为时间掌控在他们的手里。[10] 这是他们的选择，他们必会如愿以偿的。

贰． 谁是他们的学生？

1. 上主为他每一位教师指定了某些学生，只要他一答复上主的召请，学生就会找上门来。[2]这群学生是专为他而拣选的，只因他教导这一普世性课程的方式最能配合学生的了解程度。[3]他的学生一直在等待，而他也注定会出现的。[4]这又是迟早的问题。[5]老师一旦决定接下自己的角色，学生也会准备好履行自己的任务。[6]时间等候着老师的决定，而不是等候他所要服务的学生。[7]只要老师准备好虚心学习，执教的机会便于焉成熟了。

2. 若要了解“教与学”这一救恩计划，必须先熟悉本课程的时间概念。[2]救赎所修正的是幻相，而非真相。[3]因此，它只是修正一些子虚乌有的事罢了。[4]再者，这个修正计划早在建构之初便已完成了，因为上主的旨意完全不受时间的控制。[5]凡属实相之物必然如此，因它属于上主的层次。[6]就在分裂之念进入上主之子的心灵之际，上主已经同步给予了他的答复。[7]在时间领域内，那是发生于很久以前的事。[8]在实相里，它从未发生过。

3. 时间领域就是幻相世界。[2]发生于过去许久之事，如今好似仍在继续。[3]远古之前所作的抉择，至今仍有选择的余地。[4]许久以前你学过、也了解而且早已过去的事件，如今在你眼中成了一种新想法、新观念，或是截然不同的途径。[5]由于你有自由意志，你随时可以决定接受过去的任何事情；唯有如此，你才会明白原来那一切始终都在那儿。[6]正如本课程所强调的，你没有选择课程的自由——甚至包括你该学习的方式。[7]然而，你有决定自己何时去学的自由。[8]一旦你接受了这一课程，表示你已经学到了。

4. 因此，时间其实是逆向行驶的，它一直指向远古而超乎记忆极限的那一刻，你根本无从忆起。[2]然而，由于你一而再、再而三地重复那一刻的决定，使它好像就发生在此刻。[3]为此，学生与老师才会在此时此地相逢之际，感到好似素昧平生。[4]学生会在适当的时刻出现于适当的地方。[5]这是注定的，因为他早在远古那一刻作出了这一决定，此刻只是重温旧梦罢了。[6]老师也一样在远古那一刻作出了这必然的选择。[7]上主对万物的旨意表面看来有待时间才能完成。[8]其实，有什么延误得了永恒的力量？

5. 学生与老师相逢之后，教与学的帷幕就拉开了。[2] 真正在教的，并非那位老师。[3] 任何两个人只要愿意同心协力地一起学习，上主的那位圣师必会向他们发言。[4] 共同的学习目标圣化了他们的关系；上主承诺过，他会派遣圣灵进入每一个神圣关系之中。[5] 在教与学的场景下，双方都会学到“施与受原是同一回事”。[6] 他们在彼此的角色、想法、身体、需要、兴趣，以及心目中所有的不同与对立因素之间所划的界线，开始模糊、淡化，最后消失于无形。[7] 凡是有意学习同一课程的人，自然享有同一志趣与目标。[8] 于是，原本身为学生的，摇身一变，成了一位上主之师，只因他所作的那个决定为自己请来了老师。[9] 他已能在另一个人身上看到与他自己相同的意向了。

6.

叁. 教学的次第

1. 上主的教师们并没有固定的教学次第。[2] 每个教与学的场合，开始的时候都会卷入一个相当不同的人际关系，然而，最终的目标都是一样的，将每一种关系转变为神圣关系，使双方都能看出上主之子的无罪本质。[3] 没有一个人，上主之师不能从他身上学到一些东西，因此也没有一个人是他无法教导的。[4] 然而，从现实的角度来讲，他无法会晤所有的人，也不可能让每一个人都找到他头上来。[5] 因此，这计划会为每一位上主之师安排某种特殊际遇。[6] 救恩中没有偶然的事。[7] 注定要相逢的就会相逢，因为这一会晤将为他们开启神圣关系之门。[8] 他们已为对方准备好了。

2. 教学最粗浅的层次可能显得相当肤浅。[2] 他们的邂逅好似十分偶然，两个素昧平生的人在电梯里"不期而遇"；一个东张西望的小孩"正巧"撞上了某个大人；或两个学生"恰好"结伴回家。[3] 这些都不是偶然的巧遇。[4] 每一个相遇都可能开启一种教与学的场景。[5] 那两位素昧平生的人在电梯里也许会相视一笑；那个大人也许没有责斥撞到他的小孩；那两个学生也许从此结为好友。[6] 即使是最不经意的相遇，都可能使两人一时忘却他们原本关注的焦点，即使只是刹那而已。[7] 那一刹那已经绰绰有余。[8] 救恩已经来临了。

3. 一般人很难理解，普世性课程的"教学次第"这一概念就如时间的概念一样，在实相中是无意义的。[2] 一个幻相必会衍生出另一个幻相。[3] 在时间里，上主之师似乎是在一念之间改变了自己对世界的看法，然后透过教导别人而慢慢体会出这一转折的含意。[4] 我们已经讨论过时间的幻相这一问题了，可是"教学次第"的幻相好似另一回事。[5] 不论哪一层次的教学场景，都是上主救赎计划的一部分，而上主计划既是反映上主的旨意，便不可能有次第之分；这大概是证明这些次第根本就不存在的最佳解说了。[6] 救恩早已为大家准备好了，而且始终就在那儿。[7] 不论上主的教师从哪一层次着手，最后都会殊途而同归。

4. 每个教学场景都可说是一种高峰经验，因为参与其中的人，都会在那一段时空内从对方学到最多的东西。[2] 只有从这层意义上，我们才能谈一谈教学的次第问题。[3] 在这前提下，我们可以说，教学的第二层次属于比较持久性的关系；双方会在某一段时空进入比较紧密的教学关系，相聚一段时间，又好似分道扬镳了。[4]他们的相逢和最粗浅的层次一样，绝非偶然；外表上似已结束的关系，其实并未真正结束。[5]每一个人都会在那段时空达到学习的高峰。[6]凡是相遇过的人，终有重逢的一日，因为所有的人际关系迟早会发展为神圣关系。[7]上主不会错认自己的圣子的。

5. 第三种教学层次发生于一旦建立就会持续终生的关系上。[2]在这种教与学的场景中，每一方都会得到一位特定的学习伴侣，他们为彼此提供的学习机会是不可限量的。[3]这类关系一般来讲比较少，因为这种条件意味着双方在教与学的互惠关系上势均力敌得近乎完美。[4]这并不表示他们必然能够体会到这一点，事实上，他们通常都不会。[5]彼此也许会仇视好一阵子，甚至可能怀恨一辈子。[6]然而，只要他们决心去学，最完美的课程已展现于他们眼前，而他们迟早会学成的。[7]他们一旦决心去学这一课程，就足以成为其他摇摆不定甚至好似一败涂地的教师的人间救主。[8]没有一位上主的教师得不到上天之助的。

肆. 上主之师的人格特质

1. 上主之师的外在特征极少相似之处。[2] 在世人眼中，他们长相不同，背景殊异，人事经验也大异其趣，外表“个性”上的差异至为分明。[3] 他们在担起教师之职的初期，通常尚未具备上主之师比较深层的特质。[4] 上主会赐给他的教师一些特殊的礼物，因为他们在救赎计划中负有特殊的任务。[5] 这些特点当然只是暂时的，它们虽具时空性，却能帮人超越时空的限制。[6] 这些特殊的恩赐，必须透过具体的教学场景所建立的神圣关系而酝酿出来，进而成了资深教师的共同特质。[7] 从这方面来讲，他们其实非常相似。

2. 上主儿女之间的差异都是暂时性的。[2] 然而，在时空领域中，我们仍可列出资深上主之师的共同特质：

（一）信赖

1. 上主之师必须具备这个基本条件方能完成自己的任务。[2] 知见是学习而来的结果。[3] 其实知见本身就是学习，因为因与果本来就是不可分割的。[4] 上主的教师们开始信赖这个世界，因为他们明白，这个世界并不受制于它自己的运作法则。[5] 它受制于一种既不脱离世界却又超越世界的力量。[6] 万事万物的最终保障即系于这一能力之上。[7] 上主之师就是靠这股力量才能看见那已被宽恕的世界。

2. 他们一旦经验到这股大能，再也不会信赖自己微不足道的力量了。[2] 身负神鹰双翼的人岂会仰赖麻雀的翅膀？[3] 眼前尽是上主赠礼的人，岂会器重小我的微薄献礼？[4] 究竟是什么因素促成了他们这一转变的？

甲. 信赖的形成

3. 首先，他们必须经历所谓的“化解”(undoing) 阶段。[2] 这未必是一段痛苦的经历，但通常会给人这种感受。[3] 它会让人感到好似失落了什么；很少人一开始即能看清那是因为自己认出了那东西毫无价值之故。[4] 表示这人已经进步了，能以不同的眼光去看，否则他怎么看得出那些东西毫无价值？[5] 然而，他内在的转变尚未达到脱胎换骨的地步。[6] 因此，他的学习计划里头有时还会要求他作一些外在的改变。[7] 这些改变通常会带来一些实际效益。[8] 上主之师若学到了这一点，便已进入第二个阶段。

4. 第二，上主之师必须经历“厘清”（sorting out）的阶段。[2] 这通常不是一件容易的事，因为他既已看出生活上所作的改变对他确实有益，那么他从此就必须根据事情的具体效益或妨碍程度重新评估一切。[3] 他会发现，当他面临新的现实挑战时，以前重视的许多事物（即使不是绝大部分）只会妨碍眼前的“学以致用”。[4] 由于他过去非常珍惜那些毫无价值之物，势必会害怕失落及牺牲，而不愿把所学的道理运用于日常每一件事上。[5] 需要经过一段刻骨铭心的历练才可能明白，所有的东西、事件、遭遇，以及环境，对他确实是一种助缘。[6] 幻相中的一切所含的真实程度，全看它能带给人多大的帮助而定。[7] 它的“价值”只限于这一方面。

5. 上主之师必经的第三个阶段就是“舍弃”（relinquishment）。[2] 如果你把这字理解成“放弃可欲之物”，内心势必激起很大的冲突。[3] 很少教师能够完全不受这一挑战的冲击。[4] 然而，除非你准备好踏出下一步，否则，厘清哪些是有价值的、哪些是无价值的，岂不是多此一举？[5] 因此，在这前后重叠的阶段里，上主之师难免会感到自己被迫为真理而牺牲了自己的最大利益，[6] 他尚不明白上主绝不会提出这种要求的。[7] 只有等到他真的开始放弃那些无价值之物后，才可能认清这一事实。[8] 他会从经验中学到，在他预料受苦之处，找到的竟是如释重负的喜悦，在他以为必须付出代价的地方，他竟发现了天赐的礼物。

6. 现在，终于进入“安顿”（settling down）的阶段。[2] 这是一段相当平静的日子，上主之师已能享有某一程度的安宁。[3] 他借此机会熟悉并巩固自己所学到的一切。[4] 至此，他才能体会出自己所学的理念具有无往而不利的实用价值。[5] 面对那惊人的潜能，上主之师终于更上一层楼，能在其中看出自己整个人生的出路。[6] “放弃你不想要的，保留你想要的。”[7] 多么直截了当的说法！[8] 岂有比这更轻而易举的事？[9] 上主之师需要这段休养生息的时间。[10] 他修持的境界并没有他想象中那么高。[11] 然而，他已经整装待发了，又有许多强而有力的弟兄与他同行。[12] 他休养生息一阵之后，开始呼朋引伴，一块儿上路。[13] 此后，他再也不会踽踽独行了。

7. 下一个是名副其实的“动荡”（unsettling）阶段。[2] 上主之师至此终于明白了，他根本无法分辨什么是有价值的、什么是无价值的。[3] 到目前为止，他真正学到的不过是：他并不想要无价值之物，只想要有价值之物。[4] 然而，他自己的分辨方式根本无法教他看出两者的差异。[5] 牺牲的观念在他的整个思想体系中是如此根深蒂固，使他无法作出正确的判断。[6] 他以为自己已经懂得如何发心了，如今却发现自己根本不知道那个愿心为何而发。[7] 此刻，他感到自己正在追求一个可能历经百千万劫也未必达到的境界。[8] 因此，他必须学习放下所有的判断，不论面对什么处境，他只能扪心自问：“我究竟想在这事件中得到什么？”[9] 若非前面每一步都能稳扎稳打，这确实是一个难挨的阶段。

8. 最后到了“完成”（achievement）的阶段。[2] 你的学习进入这一阶段才告稳定坚固。[3] 不论在紧急关头或太平日子，你都可以放心了，你以前视为彻底负面的事物，如今都会带给你具体的效益。[4] 是的，它们一定会为你带来太平安宁的日子，只要你肯脚踏实地地练习，坚定你的信念，一视同仁地运用到生活上，绝不破例。[5] 这一阶段会带给你真正的平安，因它全面反映出天堂的境界。[6] 此后，天堂之路会愈来愈宽敞而平坦。[7] 其实，天堂就在此时此地。[8] 真正平安的心灵还会想“去”什么地方？[9] 他岂会放弃平安而去追求更好的东西？[10] 还会有什么东西比平安更值得追求？

（二）真诚

1. 上主之师其余的一切特质都建立于信赖的基础上。[2] 信赖之心一旦确立，其余的特质必会相继出现。[3] 唯有能够信赖的人才可能真诚，因为唯有他们才看得出诚实的可贵。[4] 真诚不只限于你所说的话而已。[5] 这个词是指表里如一、前后一致的修养。[6] 你所说的话，没有一句与你的所思所行冲突，没有一个想法会自相矛盾，你不会言行不一，自相抵触。[7] 这才算是真正的诚实。[8] 他们心里各个层面毫无自相矛盾之处。[9] 自然也不会跟其他人或其他事产生冲突。

2. 资深的上主之师心里感受到的平安，大部分是出自他们的彻底诚实。[2] 只有存心说谎的人才会引起纷争。[3] 冲突对身心统一的人是不可思议的事。[4] 冲突是自欺的必然结果，而自欺就是对自己不诚实。[5] 对上主之师，并没有什么挑战可言。[6] 因为挑战意味着怀疑；而这群教师对上主的信赖是如此坚定，怀疑毫无立足之地。[7] 因此他们不可能失败。[8] 不仅在这事上，他们在一切事上都是如此真实无欺。[9] 他们必会成功的，这不只满全了自己的愿望。[10] 他们是为全人类、全世界及一切万物作出这一选择，同时为了那永恒不变且千古不易的“无相”境界，也是为了上主之子以及他的造物主。[11] 他们怎么可能失败？[12] 这一选择出自彻底的真诚，他们对此选择就如对自己那般肯定。

（三）包容

1. 上主的教师不作评判。[2] 评判别人就等于不诚实，因为评判时，你把自己放到一个本不属于你的位置。[3] 没有一个评判不含有自欺的成分。[4] 评判意味着你对弟兄已经有所蒙蔽。[5] 那么你自己怎么可能不受同样的蒙蔽？[6] 评判表示缺乏信赖，信赖则是上主之师整个思想体系的基础。[7] 一失去这一基础，所有的学习便功亏一篑。[8] 放下评判，你才能对万物一视同仁；除此以外，你还能作出什么判断？[9] 放下评判，所有的人才可能成为你的弟兄，还有谁会与你对立为敌？[10] 评判会毁了真诚，也粉碎了你的信赖。[11] 没有一位上主之师能够一边评判人、一边还可能学到任何东西的。

（四）温良

1. 上主之师是不可能伤害别人的。[2] 他们既不会伤人，也不可能被伤害。[3] 伤害必然来自评判。[4] 那是由不诚的想法而形成的不诚行为。[5] 它一旦判决弟兄有罪，必也同样判决了自己。[6] 平安到此告终，它已拒绝了一个学习的机会。[7] 于是，“上主的课程”形同虚设，神智不清的妄心便会大展“神”威。[8] 每位上主之师在训练的初期就该明了，伤害别人必会使他彻底忘却自己的任务。[9] 使他陷于迷惑、恐惧、愤怒、猜忌之中。[10] 再也无法接受圣灵的教诲。[11] 若想听到上主“圣师”之声，必先明白伤人乃是一无所用之事。[12] 而且对自己百害而无一利。

2. 因此，上主之师是全然的温和良善。[2] 因为他们需要温良的力量，救恩的任务才会变得轻松愉快。[3] 凡是存心伤害别人的人，是轻松不起来的。[4] 伤害别人对他既是毫无意义的事，温良自然成了他的天性。[5] 对神智清明的人而言，还有什么比这更有意义的选择？[6] 一旦看到了天堂之路，谁还会选择地狱？[7] 谁会宁可削弱自己的力量而不惜伤人，放弃温良带给人的所向无敌之大能？[8] 上主之师的力量就在他们的温良之中，因他们已经了解了，自己的邪念既非来自上主之子，也不可能出自他的造物主。[9] 这样，他们的意念便结合于那神圣的生命之源。[10] 于是，他们的意愿（其实也就是上主的旨意）才得以自由地展现出来。

（五）喜乐

1. 温良必会带来喜乐。[2] 温良表示恐惧在这一刻已无立足之地，还有什么骚扰得了他的喜乐？[3] 温良所敞开的双手常是丰盈的。[4] 温良的人没有痛苦。[5] 他们也不可能受苦。[6] 那么，他们怎么可能不充满喜悦？[7] 他们如此肯定自己是被爱的，必然活得高枕无忧。[8] 喜乐必会尾随温良而至，就如攻击必会跟踪烦恼而来。[9] 上主的教师全心信赖上主。[10] 他们确信他的圣师始终在前引路，确保他们不受任何伤害。[11] 他们怀着上主的恩赐，步上他的道路，上主的天音会随时随地为他们指引迷津。[12] 喜乐成了他们的感恩之歌。[13] 基督也怀着同样的感激俯视着他们。[14] 基督需要他们，正如他们需要基督那般迫切。[15] 能够共同为救恩的目标而奋斗，是何等可喜可贺！

（六） 不设防

1. 上主的教师学会了如何活得单纯。[2] 他们已无须去做那些抵制真理的梦了。[3] 他们也无意将自己打造成什么人物。[4] 他们如此喜乐，因为他们已经了解是谁创造了他们。[5] 上主创造之物哪里需要任何保护？[6] 防卫措施所保护的不过是一个疯狂的幻相，实在愚不可及；唯有彻底了解其中道理的人，才堪称为上主的资深教师。[7] 梦境愈是阴森可怕，它的防卫措施愈显得锐不可当。[8] 唯有等到上主之师甘心对幻相视若无睹时，才会发现那一切都是虚张声势而已。[9] 开始的时候，他只能试着不受幻相所蒙蔽。[10] 随着信赖的增长，他会进步得愈来愈快。[11] 放下防卫措施之后，随之而来的不是危机意识。[12] 而是安全感。[13] 是平安。[14] 是喜乐。[15] 也就是上主。

（七）慷慨

1. 慷慨一词对上主之师具有特殊的意义。[2] 它与世俗所认定的内涵截然不同；事实上，这个词，你不只需要从头学起，还得小心谨慎地学。[3] 慷慨，一如上主之师的其他特质，最终仍是建立于信赖的基础上，因为缺乏了信赖，没有人能够真正地慷慨。[4] 对世俗中人，慷慨意味着“给出去”，充满了放弃的味道。[5] 对上主之师，它的意义则是“给出才会拥有”。[6] 我们已在《正文》及《练习手册》中多次强调过这一观点，然而，慷慨可说是本课程中最令世人感到不可思议的一个概念了。[7] 它之所以显得特别突兀，只因它与世俗想法明显地背道而驰。[8] 用最平白简单的话来讲，这个词对上主之师以及对世俗中人的意义截然相反。

2. 上主之师的慷慨实际上是为了自性的益处。[2] 而不是为了世人眼中自我的利益。[3] 上主之师不会想要无法与人分享的东西，因为他明白，无法分享之物对他毫无价值。[4] 他要那东西干吗？[5] 那类东西对他只是一种损失。[6] 不会带给他任何好处。[7] 因此他不会追求任何只能独享之物，因为它们必是难以久存的。[8] 他再也不想受苦。[9] 岂会这样自找苦吃？[10] 他只想要上主拥有的那一切；不只是为他自己，也为了他的圣子。[11] 那才是真正属于他的东西。[12] 也只有这个，他才能真正慷慨地给出去，同时也永远为自己保存下来了。

（八） 耐心

1. 凡是对结局肯定不疑的人，才可能毫不焦虑地耐心等候。[2] 耐心对上主之师是最自然不过的事了。[3] 在他眼中，一切都是必然的结果，即使他一时仍看不明白，却不再怀疑。[4] 适当的答案会在适当的时机到来。[5] 不论现在或未来之事，一概如此。[6] 过去的事也一样，绝无失误，过去似曾发生的事，没有一件不曾为他或世界带来益处。[7] 当时的他或许难以体会这一点。[8] 纵然如此，上主之师仍然愿意重新反思过去似曾带给人痛苦的一切决定。[9] 能够信赖的人，自然会有耐心。[10] 他对时间领域中一切事件的终极意义充满了信任，任何近在眼前或即将发生的事件都不足以激起他的恐惧了。

（九） 忠信

1. 上主之师可用忠信程度作为衡量他在此课程中进步快慢的标杆。[2] 他会不会把自己的所学只用在生活的某一部分，而不敢去碰其他部分？[3] 果真如此，他的进步会大受限制，表示他的信赖之心不够坚定。[4] 忠信，表示上主之师信赖上主的圣言会修正一切；不只限于某些事情，而是所有的事。[5] 一般来讲，开始时他的忠信只限于某些方面，故而小心翼翼地回避其余事情。[6] 若能把所有的问题完全交托给那唯一的终极答复，这无异于全面扭转了世界的思想体系。[7] 唯有如此，才称得上忠信。[8] 到此地步才配得忠信的美名。[9] 话说回来，只要朝此目标前进，不论多小的一步，都值得努力。[10]《正文》曾经说过，准备就绪并不表示已经驾轻就熟。

2. 然而，真实的忠信必然屹立不摇。[2] 它始终如一，因它彻底的真诚。[3] 它矢志不移，表示充满了信赖。[4] 它一无所惧，才会安详温和。[5] 它肯定不疑，所以时时喜乐。[6] 它如此自信，故有包容的雅量。[7] 就这样，忠信与上主之师其余的特质串联起来了。[8] 这意味着，上主之师已经接纳了上主圣言以及他对圣子的界定。[9] 忠信的真谛始终指向这两种神圣之境。[10] 它的眼光瞩目其上，追随它们神圣的踪迹，直到寻获为止。[11] 不设防的心自会随侍左右，喜乐则是它的必然心境。[12] 直到进入那一圣境，忠信才能心安理得地安息。

（十）开放的心

1. 开放的心可说是上主之师必备的最后一个特质，只要认清它与宽恕的内在关联，就不难了解它的关键性。[2] 开放的心是伴随不评判的修养而来的。[3] 当你评判人时，等于向那位圣师封闭了自己的心灵；而开放的心则会向他敞开欢迎之门。[4] 定罪之心把上主之子判为邪恶的人；而开放的心则让上主的天音为上主之子辩护。[5] 当你把罪咎投射到别人身上时，恨不得把他打入地狱；而开放的心则让基督的形相延伸到他身上。[6] 只有开放的人才能享有平安，因为只有他们才会看到平安的真正理由。

2. 心灵开放的人如何宽恕？[2] 他们得放下所有令自己难以宽恕的障碍。[3] 他们已在真理内舍弃了世界，让世界以崭新的面目重现，它变得如此喜悦，如此光辉灿烂，完全超乎他们想象之外。[4] 如今，世界已经脱胎换骨了。[5] 以前看来死气沉沉的世界，如今闪闪发光。[6] 尤有甚者，万物还会伸出欢迎之手，因为威胁已不复存在。[7] 再也没有乌云遮住基督的圣容。[8] 如今目标已经达成了。[9] 宽恕即是本课程的最终目标。[10] 它只是为那超越学习之境铺平道路。[11] 本课程无意逞能，逾越它的本分。[12] 它分内只有一个目标，就是宽恕；所有的学习最后都交汇于这一点上。[13] 这已经绰绰有余了。

3. 你也许已经注意到了，上主之师的特质表中并没有列出上主之子的天赋本质。[2] 例如爱、无罪、完美、真知以及永恒的真理等词都不曾出现于上下文中。[3] 因为它们在此会显得格格不入。[4] 出自上主恩赐的生命本质，远超乎本课程的范围之上，任何课程到它面前只有悄然遁形一途。[5] 然而，当那些本质显得暧昧不明时，你最好专心学习这门课程。[6] 上主教师的任务，便是把这"真正的学习"带到人间。[7] 更正确地说，他们是在教人如何解除过去的学习经验，那才算是世上"真正的学习"之道。[8] 上主的教师受命把这全面而彻底的宽恕喜讯带到人间。[9] 他们真是有福之人，因为他们成了传递救恩的使者。

伍. 如何获得疗愈？

1. 若想获得疗愈，我们必须先了解疾病幻相的真正企图所在。[2]缺了这一认知，是不可能真正疗愈的。

（一）疾病在人心目中的目的

1. 当受苦的人不再看重痛苦的价值时，他就自然痊愈了。[2]谁会甘心受疾病之苦？除非他认为痛苦能带给他某些好处或某些价值。[3]他一定认为这小小代价能为他换来更有价值的宝贝。[4]生病是出自一种选择、一种决定。[5]他之所以作此选择，只因他误信脆弱就是力量。[6]一旦作此选择，真正的力量对他反而成了一种威胁，健康也成了危险。[7]疾病乃是人在疯狂中想出来的应对方式，企图借此把上主之子推上天父的宝座。[8]上主在他眼中是一个专制蛮横、令人生畏的超然力量。[9]若要打倒这位神明，上主之子不能不置他于死地。

2. 在这神智不清的信念下，疗愈究竟代表什么？[2]它象征着上主之子的挫败以及天父大获全胜。[3]它代表上主之子被迫面对自己最终极的叛逆。[4]它代表上主之子为了保全自己这一条“小命”而企图隐藏的一切真相。[5]他若得到了疗愈，就不能不为自己的念头负责。[6]他若得为自己的念头负责，必然难逃一死的厄运，这才能证实他是多么的脆弱可怜。[7]因此，他先下手为强，置自己于死地，那么他的脆弱才会转为一种力量。[8]如今，他已把上主可能赐他的结局先给了自己；就这样，他全面篡夺了造物主的宝座。

（二）知见的转变

1. 你对疾病的一无所用有多深的体认，就会得到多深的治愈。[2]人们只需要说，“这件事对我一点好处都没有”，他就痊愈了。[3]但除非他先认清下列事实，否则他不可能说出这一番话的。[4]第一，他很清楚这是心灵的决定，而非出自身体的层次。[5]如果疾病只是一种错误的解决方案，表示它属于一种决定。[6]既是一种决定，表示它出自心灵，而非来自身体。[7]而你一定会极力抵制这种认知的，因为在你心目中，整个世界的存在皆奠基于“身体是作抉择的主体”这一信念。[8] 例如“本能”、“反射作用”这类说法，充分显示出人们企图把身体抬举成一个“非心灵”的行为动力。[9] 事实上，那些名词不过道出了问题之所在。[10] 它们并没有提供任何答复。

2. 疾病乃是心灵为了某种目的而利用身体所作出的决定，这一认知乃是疗愈的基本要素。[2] 不论哪一种疗愈都缺不了这一认知。[3] 只要病患决定接受这一观点，他就会恢复健康。[4] 他若抵制康复，自然得不到疗愈。[5] 谁是医生？[6] 就是病患自己的心灵。[7] 他决定要什么，就会获得什么结果。[8] 表面上他好似得到某人的某种协助，其实那些助缘只是如实地反映出他所作的抉择而已。[9] 他选择的那些助缘也不过具体表达出本人的愿望罢了。[10] 外援的功能仅限于此。[11] 他其实根本不需要这些援助的。[12] 即使没有这些助缘，病患仍能站起来说：“这对我一点用都没有。”[13] 所有的疾病都会当下痊愈的。

3. 若要完成知见上的这一转变，需要具备什么条件？[2] 它唯一的条件就是体认出疾病乃是出自心灵，与身体毫无瓜葛。[3] 这种认知需要付出什么“代价”？[4] 它的代价即是你所见到的整个世界，因为世界从此再也无法佯装为操控心灵的力量了。[5] 有了这份认知，究竟谁该负责，便水落石出了，绝对不是世界，而是那看不出眼前世界真相的那个人。[6] 他想要看什么，就会看到什么。[7] 不多也不少。[8] 世界从未对他做出任何事情。[9] 他却认定自己的一举一动都受制于世界。[10] 他对世界其实也没有做出什么大事，因为他把世界究竟是怎么一回事都搞错了。[11] 认清这一点便足以把人由罪咎与疾病中一并解脱出来，因两者原是同一回事。[12] 然而，他必须先认同“身体无足轻重”的观念，才可能受此解脱之惠。

4. 接受了这个观念，所有的痛苦从此一逝不返。[2] 接受了这个观念，他对宇宙造化的一切困惑都会烟消云散。[3] 这岂非必然的结果？[4] 你只要在这一件事上把因果的关系调回它们正确的位置，你所学的一切便能普遍运用于万事万物之上，整个世界也会为之改观。[5] 一个真实的观念，它放诸四海皆准的价值是不可限量亦无止境的。[6] 这个课程的最终成就即是“忆起上主”。[7] 如今，罪咎、疾病、痛苦、灾祸以及种种苦难，对你还有什么意义？[8] 它们一旦失去了存在的目的，只好悄然隐退。[9] 它们似曾引发的种种后遗症也随之消失了。[10] 因与果的关系只是模拟造化之工而已。[11] 只要你能看得正确，不加扭曲且心无恐惧的话，这种因果关系也足以为你重建天堂了。

（三）上主之师的任务

1. 如果病患必须改变自己的心念才能获得疗愈的话，那么上主之师还能做什么？[2] 他能替病患改变心念吗？[3] 当然不能。[4] 对于那些已经愿意改变心念的人，上主之师的唯一任务便是与他们一起欢乐庆祝，因为他们已和他一起跻身于上主之师的行列了。[5] 然而，对于那些尚不明了治愈真谛的人，他们的任务就变得相当具体了。[6] 这些病患不会明白，其实是自己选择了疾病。[7] 相反的，他们坚信是疾病找上门来的。[8] 他们的心灵依旧封闭于此一观念里。[9] 身体告诉他们该怎么做，他们只能言听计从。[10] 他们毫不自觉这种思维的疯狂愚昧。[11] 只要他们能对这一思维稍起一点疑心，就有疗愈的希望了。[12] 然而，他们如此坚信不疑。[13] 分裂之境对他们来讲实在太真实了。

2. 上主的教师就是为这一类人而来的，他们代表了这些人早已遗忘的另一种可能性。[2] 上主之师的临在本身只是一种提示而已。[3] 他的思维方式等于向病患信以为真的想法提出一种反问的权利。[4] 上主的教师们，不只是传递信息的使者，他们成了救恩的一个象征。[5] 他们请求病患因他自己的圣名之故而宽恕上主之子。[6] 他们代表另一种神圣的选择。[7] 他们心中怀着上主圣言的祝福前来，不是为了治愈有病之人，只是提醒他们上主早已赐给他们的药方。[8] 真正治疗的，不是他们的手。[9] 讲出上主圣言的，也不是他们的声音。[10] 他们给出的不过是上主赐他们的礼物。[11] 他们这样温柔地呼唤弟兄远离死亡之途：“上主之子，请看永恒生命赐给你的礼物吧！[12] 你何苦选择疾病，而不惜放弃这一恩赐？”

3. 上主的资深教师绝不会被弟兄信以为真的种种疾病所蒙蔽。[2] 否则就表示他们已经忘却了一个事实：所有的疾病都是为了同一目的，因此它们实际上是同一回事。[3] 上主之师会努力在这位自欺到竟然相信上主之子可能受苦的弟兄心内找到上主的天音。[4] 他们会提醒这位弟兄，他不是自己造出来的这个生命，他绝对还是上主当初所创造的他。[5] 他们明白这类幻相改变不了任何事情。

[6] 他们内心的真理会伸向弟兄内心的真理，使得幻相无法继续逞能。[7] 就这样，他们把幻相带到真相前，而不是将真相带入幻相内。[8] 就这样，上主的旨意借此合一之愿（而非某个人的意愿），驱除了所有的幻相。[9] 上主教师的任务不外于此：他们不再把他人之愿视为与己无关的愿望，也不会把自己的意愿视为与上主旨意无关之愿了。

陆. 一定会得到疗愈吗?

1. 一定会得到疗愈的。[2] 幻相一旦带到真相前，就无立足之地了。[3] 真相显示出幻相一无所用。[4] 上主之师已经在病患的心里看到了修正自己错误的机会，认出了修正的真实意义。[5] 当他亲自领受了救赎，他的病患必然也领受到了。[6] 万一病患把生病当成一种求生的途径，认定疗愈才是一条绝路，怎么办？[7] 果真如此，突如其来的疗愈会使此人陷入深度的忧郁，强烈的失落感反而可能让他萌生寻短的念头。[8] 他的人生一旦失去奋斗的目标，很可能会走上自我毁灭的路。[9] 为了他的安全，应该暂缓疗愈的计划。

2. 当人们还视疗愈为一种威胁时，疗愈通常会知趣地避开。[2] 等到自己受到欢迎时，它才会即刻现身。[3] 不论疗愈降临何处，人们迟早会领受得到。[4] 时间岂有阻挡上主恩赐的能耐？[5] 我们在《正文》多次提过那个“宝库”，上主一视同仁地为施者与受者备妥了许多礼物。[6] 一个礼物都不会失落，只会愈来愈丰富。[7] 当上主之师帮人疗愈而对方却好似不领情时，也无须感到失望。[8] 因为他无从判断别人什么时候才应接到他的礼物。[9] 他应肯定不疑对方其实已经收到了，而且相信只要对方一旦认出那礼物是个祝福而非诅咒时，他自然就会收下的。

3. 上主的教师们没有评估自己的礼物会产生什么效益的任务。[2] 他们的任务只是给出礼物，仅此而已。[3] 只要他们尽了这一任务，自己便已同时获益了，因为这也是礼物的目的之一。[4] 他若开始操心给予出去的后果如何，他就给不出去了。[5] 那对施予本身反而成了一种限制，施者或受者都难以由这礼物受惠。[6] 信赖乃是施予的一个重要因素；施予就是靠这因素才能达到分享之效，也是这个因素确保施者只会获益，绝不会受损的。[7] 谁会给出礼物后还抓着不放，非要对方按照他认为适当的方式使用不可？[8] 那样不能算是给予，反而成了一种对人的束缚。

4. 唯有完全放下自己对这份礼物的操心挂虑，才称得上是真正的给予。[2] 唯有这种信赖，才能真正地给出东西。[3] 疗愈就是心灵的转变，病患心中的圣灵一直在为他寻求的正是这份礼物。[4] 这也是施者心中的圣灵所要给他的礼物。[5] 这种礼物怎么可能落空？[6] 怎么可能失效？[7] 它怎么可能受人糟蹋？[8] 上主的宝库永远不空。

9 只要失落一样礼物，它就称不上满盈。10 然而，它的满盈有上主
作保。11 那么，上主之师对自己礼物的效益还有什么好担心的？
12 其实，这是真神对真神的馈赠，在这神圣的交易里，有谁会收
到少于一切的礼物？

柒. 需要再三疗愈吗？

1. 答案其实就在问题之中。[2] 疗愈是无法重复的。[3] 病患若已痊愈，还有什么需要治疗的？[4] 我们已经说过，疗愈既是必然之事，还有什么好重复的？[5] 上主之师若老是操心疗愈的效果，反会限制了疗愈的功能。[6] 于是，真正有待疗愈的倒是上主之师的心态。[7] 这才是他必须下工夫的地方。[8] 如今他必须看清，自己才是有待治疗的病患。[9] 因为他犯了错误，必须心甘情愿地转变自己的心态才行。[10] 他缺了真正的施予绝不可缺的信赖之心，因此，他还无法由自己的礼物中受益。

2. 只要上主之师有意充当疗愈的管道，他就已经成功了。[2] 他若开始怀疑疗愈的效果，也不该重复他先前所下的工夫。[3] 他所能做的已经达到极限，因为圣灵会如此接纳也会如法运用的。[4] 此刻，上主之师只有一条路可走。[5] 他必须理性地说服自己，他已经把问题交托给一位绝不会失误的“导师”了；他还须看出自己的彷徨不定绝不是出自爱，而是恐惧，那其实与恨无异。[6] 他会感到对自己难以交代，因为他正在恨自己原先想要爱的人。[7] 这是不可能的。[8] 他给出的如果是爱，对方收到的必然也是爱。

3. 上主之师需要信赖的就是这一点。[2] 所谓“奇迹志工的唯一责任就是亲自接受救赎”，真正的意义即在于此。[3] 上主之师必然也是奇迹志工，因为他必会收到自己给出的礼物。[4] 但他必须先行收下此礼才行。[5] 此外，他无须做任何事情，也做不出更多的事了。[6] 唯有先接受疗愈，才可能疗愈别人。[7] 如果他对这一点还有所怀疑，愿他记得真正给出礼物的是“谁”，而真正收到这礼物的又是“谁”。[8] 他的怀疑就会修正过来了。[9] 他原以为上主可能会收回他的礼物。[10] 那只是一个误解，不必大惊小怪。[11] 总之，上主之师所能做的只是认清错误，让它接受修正就够了。

4. 人们最难识破的诱惑就是：看到外在症状不断重现而怀疑疗愈的功效，这是缺乏信赖的一种标记。[2] 它骨子里其实就是攻击。[3] 然而表面上它会装得恰如其反。[4] 操心挂虑乃是一种攻击，这种说法乍听之下确实有违常情。[5] 因它具有爱的所有样貌。[6] 然而，没有信赖，爱是无法存在的，而怀疑与信赖也不可能并存。[7] 恨，不论化身为何种形式，必然与爱水火不容。[8] 你若毫不怀疑这礼物，就不可能怀疑它的疗效。[9] 就是这份肯定不疑使得上主之师摇身一变而成了奇迹志工，因他们已把信任寄于上主身上。

5. 圣师对自己受命解决问题的成效若产生任何怀疑的话，究其因，通常出自他对自己的怀疑。[2] 那表示他的信赖一定误放在虚幻的自我上头，只有那种自我才可能受到怀疑。[3] 这类幻相会化身为许多不同的面目。[4] 也许是担心自己无能或是害怕受到伤害。[5] 也许是唯恐自己不善而害怕失败与受辱。[6] 也许是出自假谦虚的一种自惭形秽。[7] 这一错误不论以任何形式呈现，都无关紧要。[8] 重要的是认清那不过是一个错误而已。

6. 那个错误说穿了其实就是：上主之师感到自顾不暇而与病患划清界线。[2] 它认不出对方其实是你自性的一部分，这显示出你对自己身份的迷惑。[3] 你对自己身份的认知一旦产生冲突，便再也看不清自己的真相了。[4] 你之所以如此自我蒙蔽，因为你已否定了创造你的生命之源。[5] 如果你要给人的只是纯粹的疗愈，你不会怀疑的。[6] 你若真心想要解决问题，你也不会怀疑。[7] 你若十分肯定问题的真相，你更不会怀疑。[8] 只有当你三心二意又自相矛盾时，才会萌生怀疑之念。[9] 确定一下自己究竟想要什么，怀疑就无由生起了。

捌. 如何避免难易有别的观念?

1. 相信世事难易有别，乃是世俗知见的立论基础。[2] 它的认知完全建立在差异性上，每个画面都有错落有致的背景，变化多端的前景，高低不同，大小不等，明暗不一，以及成千上万的对比；每一物都想把另一物比下去，才能博得注目的眼神。[3] 庞大之物会把小东西比下去。[4] 亮眼的东西会比黯淡无光之物吸引人。[5] 在世俗眼中比较刺激人的或是比较吸引人的观念，都会搅乱心理的平衡。[6] 人的肉眼最爱着眼于冲突。[7] 别想从它们那儿寻求平安与了解。

2. 幻相说穿了不外是种种“分别相”罢了。[2] 除此之外，还有什么其他的幻相可言？[3] 幻相，望文生义，它必有把自己认为重要但又明知其为虚幻之物弄假成真的企图。[4] 人心基于想要拥有的强烈欲望，必会设法将幻相变得真实无比。[5] 幻相只是仿效创造的拙劣赝品，企图把真理带入世界的骗局之中。[6] 当人心感到难以接受真相时，必会起身抵制真相，还会为自己营造出一个胜利的假相。[7] 人心若发觉健康成了一种负担，便会逃避到一个“发烧”的梦境。[8] 心灵一旦陷入这种梦境，便分裂了，与其他心灵显得如此不同，各有所好，甚至能够牺牲别人来满足自己的需求。

3. 这一切差异性究竟源自何处？[2] 它们一定好似发生于外在世界。[3] 然而，是谁在判断肉眼之所见？绝对是心灵。[4] 诠释肉眼所获的信息且赋予“意义”的，也是心灵无疑。[5] 因此这个意义绝对不存在于外在世界。[6] 肉眼所见的“现实”其实都是人心想要看到的景象。[7] 是它把自己的价值层次投射到外界，然后再派遣肉眼去把它找回来的。[8] 肉眼必须透过那些分别相才能看见东西。[9] 然而，知见的形成不是靠肉眼带回的信息。[10] 它完全是建立在心灵对那些信息的评估上；因此，只有心灵才能对自己的所见负责。[11] 唯有它能决定所见之物究竟是真实的还是虚幻的，是自己想要的还是不想要的，要带给身体的是快感还是痛苦。

4. 错误的知见就是透过那擅长拣择取舍的分别心而潜入的。[2] 因此，修正的功夫必须由此下手。[3] 心灵靠它先入为主的价值观来识别、鉴定肉眼带回的信息，是它在决定感官所搜集来的每个资讯如何排列组合。[4] 这种判断基础何其荒谬！[5] 它毫不自觉，这些与存在于它内的鉴定系统不谋而合的东西，都是人心自己求来的。[6] 唯有如此，它才能断言自己的鉴定系统必然真实可靠。[7] 所有的分别判断都是依据这一原则，因为整个世界的判断都建立在这一基础上。[8] 这种混淆人心且荒诞不经的“推论逻辑”怎么可能值得信任？

5. 疗愈也没有难易之分，因为所有的疾病都是幻相。[2] 当你治疗精神病患时，难道阵势大一些的错觉妄想会比小规模的错觉更难驱除？[3] 难道声音响亮一点的幻听，会比轻声细语的幻听更容易使他信以为真？[4] 难道在他耳边轻声怂恿他去杀人的幻音，会比大声的命令更容易让他听若罔闻？[5] 难道魔鬼手持的耙子有几根叉，会改变他对魔鬼的相信程度？[6] 他的心灵一旦把它们全都鉴定为真实之后，它们对他便全都变成真的了。[7] 唯有等到他明白这一切全是幻相，它们才会消失踪影的。[8] 疗愈的道理也是如此。[9] 幻相之间的差异性影响不了大局的，因那些形形色色的分别相和幻相本身一样虚幻不实。

6. 上主之师的眼睛仍会看到万物的差异性。[2] 可是，已经疗愈的心灵再也不会与它认同了。[3] 虽然有些人看起来好像“病得比较严重”，肉眼也会照旧报导病情的发展。[4] 但已疗愈的心灵会把它们全数归类于同一个虚幻不实的范畴里。[5] 那位圣师给他的礼物就是帮他了解：人心从外在的表相世界所接收的信息只能归纳为两大类。[6] 而其中只有一类是真的。[7] 既然实相是全然的真实，与大小、形状、时间及空间无关——因为差异性无法立足于实相之境；同理，幻相之间其实也没有什么分别。[8] 不论哪一种疾病，只有一个答复，就是疗愈。[9] 不论哪一种幻相，也只有一个答复，就是真相。

玖．上主之师需要改变生活环境吗？

1. 上主的教师需要改变的是他们的心。[2] 外在环境也许会随之改变，但也不尽然如此。[3] 不要忘了，什么人会出现于什么环境，都不是偶然的，在上主的计划里，没有意外这一回事。[4] 上主训练新教师的课程一概是由改变心态下手的。[5] 但没有固定的模式可循，因为训练方式一向是因应个人的需要而设。[6] 有些人几乎即刻感到有改变环境的必要，这通常属于特别的案例。[7] 绝大部分的教师所接受的训练都是逐步推进的，直到过去的错误一一修正过来为止。[8] 尤其是人际关系，必须从正确的角度来正视，所有未经宽恕的死角才能清理干净。[9] 否则就会留给旧有的思想体系一个还魂的机会。

2. 上主之师在这训练课程中走得愈深，他在每一课所下的工夫就会愈彻底。[2] 他不再自行决定任何事情，随时向自己的圣师祈求指引，作为自己行动的唯一指标。[3] 上主之师逐渐学会放下自己的判断后，这事会变得愈来愈容易。[4] 放下自己的判断，无疑是听见上主天音的先决条件；这一过程通常进展得相当缓慢，不是因为它的难度，而是因为这通常被人视为有辱个人的尊严。[5] 世间的训练所致力的目标与本课程恰好背道而驰。[6] 世俗要训练人信赖自己的判断，甚至以此作为衡量个人坚强与成熟度的标准。[7] 我们的课程却把放下判断当做得救的先决条件。

拾. 如何才能放下判断?

1. 判断，与维系这个幻相世界的其他伎俩一样，都被世界彻底误解了。[2] 它甚至被人误认为是一种智慧，企图篡夺真理之位。[3] 在世俗的观念中，一个人能够作出“好”的与“坏”的判断，教育的目标即是加强好的而减少坏的判断。[4] 然而，人们对好坏的判断却莫衷一是。[5] 某人觉得“好”的判断，另一个人却可能视为“坏”的判断。[6] 甚至同一个人对同一种行为的判断，这一刻觉得“很好”，另一刻又觉得“很坏”。[7] 没有任何课程能给人一套前后一贯的鉴定标准。[8] 学生随时都可能推翻他的“准”老师的判断，连老师自己所相信的那一套也未必前后一致。[9] 因此，“好判断”的界定并无太大意义。[10] “坏判断”也是如此。

2. 上主之师必须明白，不是他不应该判断，而是他无法判断。[2] 所谓放弃判断，只不过是放弃他原本就不具备的能力。[3] 他只是放弃一个幻觉而已，或者更好说，他的放弃本身即是一个幻相。[4] 实际上他只是变得更诚实了。[5] 认清自己根本没有判断的能力，他就不再心存这种企图。[6] 这不是牺牲。[7] 相反地，在这种心境下，有一种判断虽然不“出自”他，却会“经由”他而出现。[8] 这个判断无所谓“好”或“坏”。[9] 它是唯一真实的判断，就是：“上主之子是清白的，罪根本就不存在。”

3. 本课程的目标与世俗的训练大异其趣，它要我们认清自己是作不出世人所谓的判断的。[2] 这不是一种说法而已，而是事实。[3] 若要正确地判断一事一物，他必须对它的过去、现在及未来述之不尽的相关背景一清二楚才行。[4] 他还需要事先认清自己的判断对所涉及的人或物可能产生的任何影响。[5] 他必须确定自己的观点没有任何偏曲，对每一个人所下的判断，不论目前看来或未来回顾时，必然全然彻底的公正。[6] 有谁敢作此保证？[7] 除了有自大妄想症的人以外，有谁敢出此狂言？

4. 只要记得，有多少次你认为自己知道所有的“事实”，胸有成竹地作了判断，结果却错得离谱！[2] 有谁没有这种经验？[3] 又有多少次你自以为是对的，其实是错的，却毫不自觉？[4] 你为何选择这种武断作为你决定的凭据？[5] 智慧不是判断，而是放下判断。[6] 那么，重新作个判断吧！[7] 就是：只有与你同在的“那一位”的判断才是完美无缺的。[8] 他知道现在、过去及未来的一切事实真相。[9] 他也知道他的判断对每一人或每一物可能产生的影响。[10] 而且他对每一个人都是彻底公正的，因为他的观点没有任何偏曲。

5. 因此，放下判断吧，你会了无遗憾的，只是充满感激的一声轻叹。[2] 如今总算摆脱那压得你寸步难行的沉重负担。[3] 那纯是一种幻觉。[4] 仅此而已。[5] 如今，上主之师终于可以如释重负，挺起身子踏着轻盈的脚步前进。[6] 他所获得的益处还不仅止于此。[7] 他的操心挂虑也会烟消云散，因他没有任何值得牵挂之事了。[8] 他已经把它连同自己的判断都一起交托出去。[9] 他也把自己交托给他了，如今他已下定决心信赖他的判断，不再听信自己的评判。[10] 如今，他再也不会犯错。[11] 因为在他内有一位万无一失的神圣向导。[12] 如今他开始祝福自己以前常批判的对象。[13] 以前让他感到哀痛的事，如今已能破涕为笑了。

6. 放下判断原非难事。[2] 想要为自己的判断而自圆其说才真不容易。[3] 上主之师只要看清自己为判断所付出的代价，必会弃之唯恐不及。[4] 他环顾周遭的一切丑陋，都是出自判断的贻害。[5] 他所看到的一切痛苦，全是它导致的后果。[6] 所有孤独及失落感，所有虚度的光阴以及难以自拔的绝望，所有令人一蹶不振的消沉，以及对死亡的恐惧，全都源自于判断的结果。[7] 如今，他知道这一切实无必要。[8] 也没有一个是真的。[9] 他一旦放弃了它们的肇因，知道那不过是他错误抉择的后遗症罢了，毫不真实，所有困境都会由他的身边销声匿迹的。[10] 上主之师！只要你能踏出这一步，平安必会来临。[11] 以此为自己的唯一目标，岂能说是难事一桩？

拾壹. 世界怎么可能太平?

1. 这几乎是每个人都会提出的问题。[2] 外表看来，世界好似永无宁日。[3] 然而，上主圣言许诺过不少这类看似不可能的事。[4] 他的圣言不只许诺了平安。[5] 他还许诺过死亡的消失、复活的结局，又说重生乃是人的天赋权利。[6] 你所见到的世界一点都不像是上主所爱的世界，然而，他的圣言却一再保证，他深爱这个世界。[7] 上主圣言也曾许诺过，平安是可能存于此世的；凡是他许诺的，没有不成的事。[8] 但你若想要收到他许诺的礼物，你“真的”需要彻底改变自己看世界的眼光。[9] 世界究竟是什么？它不过是一个有目共睹的现象而已。[10] 它会变成什么样子，你没有选择的余地。[11] 但你愿如何去看它，则在于你的选择。[12] 这确实是你“必须”作的选择。

2. 我们又回到判断的老问题上了。[2] 这回，你扪心自问一下，你的判断或是上主圣言的判断，哪一个比较真实可靠？[3] 你们俩对世界的看法是如此的不同，毫无妥协并存的余地。[4] 上主要给世界的是救恩；你的判断却定了它的罪。[5] 上主说：死亡不存在；你的判断却说：死亡是生命注定的结局。[6] 上主圣言向你保证，他爱这世界；你却评判它不值得一爱。[7] 谁是对的？[8] 你们两个之中必有一个是错的。[9] 这是不可否认的事实。

3. 本课程的《正文》解释过，你所制造出来的一切问题，只有一个终极答复，就是圣灵本身。[2] 那些问题都不是真的问题，但对相信它们的人而言，这一说法毫无意义。[3] 每个人都会相信自己所造的东西，而且正因他如此相信，当初才会造出它们的。[4] 面对这既无意义又没道理、也找不到出路的世界，上主给出他的“判断”来回应人类诡异又矛盾的处境。[5] 他的“判断”会温柔地取代你的判断。[6] 经过这番取代之后，所有不可理解的都变得可理解了。[7] 世界如何才能太平？[8] 根据你的判断，那是不可能的，永远也不可能的事。[9] 但在上主的“判断”下，世界反映出来的其实就是平安。

4. 对那些老是着眼于战争的人，平安当然没有立足之地。[2] 然而，对于那些常常分享平安的人，平安却是天经地义的。[3] 原来，摆脱自己对世界的判断是这么容易的事。[4] 不是世界使得平安无法立足。[5] 而是你眼中的世界不允许平安存在。[6] 受尽扭曲的世界就在上主这一“判断”下得救了，心安理得地欢迎平安的来临。[7] 平安也会欣然回应，翩翩降临人间。[8] 如今，平安终于能在世上安身立命了，因为上主的圣念已经进入了世界。[9] 除了上主的圣念以外，还有什么东西能够仅凭这一念就把地狱转变为天堂？[10] 大地在此仁慈而神圣之念下俯首，上主圣念也会亲切地俯身作答，再次把世界高高举起。[11] 如今，问题改变了。[12] 不再是“世界怎么可能太平？”，而是“世界怎么可能不太平？”。

拾贰. 拯救世界需要多少位上主之师?

1. 答案是一位。[2] 只要有一位完美无缺的上主之师完成了所有的课程，便绰绰有余了。[3] 这已被祝圣及救赎的一位，摇身一变，成了自性本身，也就是上主之子。[4] 自始至终都是一个圆满灵性的他，如今再也不会视自己为一具身体，也不会认为自己活在身体内了。[5] 于是，他成了无限的存在。[6] 身为无限的存在，他的意念便永永远远与上主的圣念结合了。[7] 他对自己的认知都是根据上主的"判断"，而非自己的判断。[8] 他便如此融入了上主的旨意，将他的圣念带入精神错乱的心灵内。[9] 他永远都是那个完整无缺的生命，因为他仍是上主当初所创造的样子。[10] 他已接纳了基督为他的自性，他已得救了。

2. 人子就这样变成了上主之子。[2] 这称不上什么转变，他不过改变了心念而已。[3] 他的外形没有任何改变，然而，他的内心如今却能处处反映出上主的爱。[4] 上主也不再显得那么可怕了，因为人心已看不出任何受罚的理由。[5] 上主的教师看起来好像有很多位，那只是基于世人的需要。[6] 他们有志一同地结合于上主的同一目的之下，怎么可能还有彼此之分？[7] 即使他们呈现出不同的面貌又有何妨？[8] 只要同具一心，他们的结合便已圆满了。[9] 上主如今已能透过他们的一体生命而工作，因为他们本来就是同一个完整无缺的生命。

3. 为什么上主之师需要幻化为这么多位教师？[2] 因为精神错乱的人是无法了解实相的。[3] 只有极少数的人听得到上主的天音，然而连他们也无法直接通传圣灵所赐的信息。[4] 他们需要一个中介，才可能向那些尚未认清自己是灵性的人传递天音。[5] 他们需要一具人们看得见的身体。[6] 一种人们听得懂的声音，才消除得了他们心中抵制真理的恐惧。[7] 不要忘了，真理只会在人们一无所惧地展臂欢迎之刻来临。[8] 因此，上主的教师需要一具身体，因为一般人无从直接认出他们内在的一体生命。

4. 造就上主之师之道即是教他们认清身体的正确目的。[2] 当他们对自己的职务体验愈深，就会更加肯定不疑，身体的作用只是让上主天音传入人们的耳朵而已。[3] 耳朵再进一步把这超越世界之上的信息传到听者的心中；人心会认出这些信息的，因为它们直接来自那终极源头。[4] 有了这一番了解，上主的新教师才会认出身体的真正目的，也是它唯一而真实的用途。[5] 这一课（是指上述的了解，而非本课12课）便足以带给他一体的经验，让他豁然醒悟：原本一体的仍是一体。[6] 上主的教师们表面上与一般人一样活在分裂的幻境中，这是因为他们需要借助于形体之故，然而，他们再也不会被幻境中的种种表相所蒙蔽了。

5. 你把身体作何用途，它就变成了你，这是最关键的一课。[2] 你若用身体来犯罪，或攻击（两者都与罪无异），你就会视它为有罪之身。[3] 因为罪孽深重的，必然脆弱不堪；因为脆弱不堪，它注定受苦，最后必然难逃一死。[4] 你若能借助身体而把上主圣言传给尚未领受的人，身体就被圣化了。[5] 它既是神圣的，便不可能生病，更不可能死亡。[6] 当它的用途已尽，便可弃置一旁，如此而已。[7] 心灵才是真正的抉择者，身体的状况全都出自它的决定。[8] 然而，上主之师绝不会独自作此决定的。[9] 否则，他会在那原能圣化身体的目的之外赋予身体另一个目的。[10] 上主的天音不只告诉他任务何在，还会让他知道他何时已善尽了本分。[11] 不论是去是留，他都不会受苦的。[12] 如今他再也不会疾病缠身了。

6. 一体生命与疾病是不可能同时存在的。[2] 上主的教师自愿逗留梦境一段时间。[3] 这是有意识的抉择。[4] 因为他们已明白，所有的抉择都是出自意识的决定，而且十分清楚这些决定所带来的后果。[5] 梦境则有另一番说辞，但人若已认清梦的真相，谁还会相信它那一套？[6] 上主教师的真正任务便是认清自己在做梦。[7] 他们看着梦中的角色来来去去，千变万化，受尽病苦而死。[8] 却丝毫不受眼前的景象所蒙蔽。[9] 他们已经认清，不论把梦中人看成分裂且病态的，或把他看成健康而美丽的，都同样的虚幻。[10] 唯有一体生命不是梦境中的产物。[11] 上主的教师要学的，就是在梦境的背后认出这超越一切形相又非他莫属的一体生命。

拾叁. 牺牲究竟是什么意思?

1. 牺牲，这一名词在真理内虽然毫无意义，在人间却充满了意义。[2]它的意义就像世上所有事物一样，只有一时的效用；当它的功能用罄，其意义终将隐没于它所源自的虚无中。[3]然而在此，它真正的意义则成了我们的必修课程。[4]它就像所有的课程一样，仍在幻相之列，因为在实相内，没有什么好学的。[5]但我们仍需一个修正方案来取代这个幻相；也就是以另一个幻相来取代前一个幻相，最后两者方能一并消逝。[6]前一个幻相必须替换下来，新的思想体系才有立足之地，这幻相即是："放弃世间任何东西都是一种牺牲。"[7]还有什么比这更虚幻的看法？整个世界本身就是一个大幻相。

2. 需要相当的修持才可能明白并接受"世界不能给人任何东西"这一事实。[2]"牺牲虚无"的说法究竟有何意义？[3]它不可能意味你会因此而"拥有更少"。[4]在世俗的认知下，没有一种牺牲不涉及你的身体层次。[5]你不妨反思一下，人间所谓的牺牲指的究竟是什么？[6]权力、名位、金钱、生理的欲乐，哪一样不属于所谓的"梦中英雄"？[7]它们除了对身体有价值以外，还有什么意义？[8]然而，身体本身没有评估价值的能力。[9]是心灵为了得到这些东西，不惜与身体沆瀣一气，存心蒙蔽自己的真实身份而模糊了它的真相。

3. 人心一旦产生这种混淆，就再也无法认清"世上所有的欲乐都虚幻得很"这一事实了。[2]这究竟会带给人多大的牺牲？那牺牲可大了！[3]从此，心灵开始诅咒自己求而不得，永远无法活得心满意足，最后连自己真正想要找什么都搞不清了。[4]谁能躲避得了这种自我诅咒？[5]唯有上主的圣言才有此可能。[6]自我诅咒乃是对自己身份的一种选择或决定，没有一个人会怀疑心目中所认定的自己。[7]他可能怀疑其他的一切，但绝不会怀疑这个自己的。

4. 上主的教师已经能够毫无遗憾地舍弃人间的欲乐了。[2]舍弃痛苦岂能算是一种牺牲？[3]成人岂会因为放弃童玩而恼怒不已？[4]已能看清基督圣容的人，岂会留恋人间这座屠宰场？[5]已由生老病死的世界解脱出来的人，也不会回头去诅咒世界的。[6]但他必会庆幸自己摆脱了世俗价值向他索求的一切牺牲。[7]为了那些价值，他牺牲了所有的平安。[8] 为了它们，他牺牲了所有的自由。[9] 为了拥有它们，他必须牺牲天堂的希望以及对天父之爱的记忆。[10] 凡是神智清明的人，谁会选择虚无而放弃一切万有？

5. 牺牲究竟是什么意思？[2] 它就是人们相信幻相必得付出的代价。[3] 也是否定真相必付的代价。[4] 世上没有一种欲乐不要求这种代价的，否则人们不难一眼看穿这种欲乐其实与痛苦无异；一旦认清了这一真相，没有人会自找苦吃的。[5] 就是错误的牺牲观念使他目盲而心迷。[6] 看不清自己究竟在求什么。[7] 只好上穷碧落下黄泉地追寻；每当自以为找到了时，结果都是令人失望的一场空。[8] “去找但不要找到”乃是世界最无情的游戏规则了；凡是追求世俗目标的人都过不了这一关的。

6. 你也许认为本课程会要求你牺牲自己的所爱。[2] 从某种角度来讲，可说是真的，因为你珍爱之物正把上主之子钉在十字架上，动弹不得，而本课程的目的是要释放他，还他自由。[3] 但不要因此而误解了牺牲的意义。[4] 牺牲要你放弃的不外乎你想要之物。[5] 上主之师啊！你究竟想要什么呢？[6] 上主一直召唤着你，你其实已经答复了。[7] 如今，你难道愿意牺牲这个召唤吗？[8] 到目前为止，听到这召唤的人少之又少，人们只能转而向你求助。[9] 在整个世界中，你成了他们的唯一指望。[10] 你的声音成了上主天音在人间的唯一回响。[11] 你若牺牲了这一真相，他们便会一起堕入地狱。[12] 他们一旦陷落，你也会与他们一起沉沦的。

7. 不要忘了，牺牲是全面的。[2] 没有半得半失的牺牲。[3] 你不可能只放弃天堂的一部分。[4] 你也不可能只堕入地狱一点点。[5] 上主圣言的作用也是全面的，没有例外。[6] 正是这一特质造就了它的神圣性，且超越三界之上。[7] 这一神圣性直指上主之境。[8] 这一神圣性保障了你的安全。[9] 只要你一攻击弟兄，不论任何原因，神圣性便会离你而去。[10] 因为这等于重蹈了天人分裂的覆辙。[11] 分裂原是不可能存在的，[12] 也不可能发生。[13] 但你对它笃信不疑，因为你已经陷身于一个不可能存在之境了。[14] 在这处境下，所有不可能的事好似都可能发生。[15] 它一旦发生了，你就不能不付出“牺牲真相”的代价了。

8. 上主之师，切莫忘了牺牲的意义，并且记住，你所作的每一个决定不会不牵涉某种代价的。[2] 你若选择上主，这一切对你都成了平白的恩赐。[3] 你若决定背弃上主，就等于选择虚无，那么，你就会丧失所有的觉知力。[4] 你究竟想要传授别人哪一种选择？[5] 你只须记住自己究竟想要学到什么就够了。[6] 这才是你该用心之处。[7] 救赎是为你而设的。[8] 你透过学习而领受救赎，也透过学习而给出救赎。[9] 世界容纳不下它。[10] 但你只要学习本课程，救赎便非你莫属。[11] 上主把他的圣言交托给你，因为他需要上主之师。[12] 除此之外，还有什么更好的拯救上主之子的方式？

拾肆. 这世界会如何结束?

1. 试问，一个缺乏存在之因的东西岂会有真正的结束？[2] 世界怎样由幻觉中诞生，也会怎样在幻觉中结束。[3] 然而，它的“结束幻相”必然充满了恩慈。[4] 它会笼罩在一个全面彻底、无所不包、无限祥和的“宽恕幻相”中，掩盖了所有的邪恶与罪孽，一切罪咎也就至此告终了。[5] 由罪咎交织而成的世界也就跟着结束了，因它如今已失去了存在的目的，只有销声匿迹一途。[6] 相信“幻相具有某种目的且能满足某种需要”之念，乃是一切幻相之父。[7] 只要认清了幻相原来不具任何目的，它们便消失了踪影。[8] 只要认清它们一无所用，它们就无法造次了。[9] 除此之外，还有什么更好的方法能够结束所有的幻相？[10] 它们已被带到真相前，而真相对它们视若无睹。[11] 因为真相从不着眼于无意义之物。

2. 在我们完成宽恕的功课以前，世界确实还有它存在的目的。[2] 它成了宽恕的摇篮，宽恕在这儿成长，茁壮，学习包容一切。[3] 它在这儿得到滋养，因为这儿需要它。[4] 那位慈祥的“救世主”就诞生在充满罪恶且使罪咎显得极其真实之地。[5] 这儿是他的家，因为这儿真的需要他。[6] 世界因着他的到来而进入了末世时期。[7] 上主之师答复了他的召唤，静静地转向他，领受他的圣言。[8] 当世界万物都受到了他公正的“审判”时，世界就结束了。[9] 世界会在神圣的祝福中结束的。[10] 当一个罪的念头都不存在时，世界就过去了。[11] 它不会遭到毁灭或任何攻击的，连一根毛发都不会受到伤害。[12] 它只是失去了那虚幻的存在而已。

3. 当然，这一结局看来似乎遥不可及。[2] “当一个罪的念头都不存在”的说法，听起来确实像个远程目标。[3] 但是时间会停止运转，供上主的教师完成目标。[4] 他们中只要有一个人亲自接受了救赎，所有的罪念就在那一刻消失了。[5] 宽恕一个罪，并不比宽恕所有的罪更容易一些。[6] 难易之别的幻相乃是上主之师必须学会突破及超越的一大障碍。[7] 只要有一位上主之师能彻底地宽恕一个罪过，救恩就已圆满完成。[8] 你能了解这一点吗？[9] 恐怕不能，这种说法对世人是毫无意义的。[10] 然而，一体之境得靠这最后一课才能恢复本然状态。[11] 它与世俗所有的观念正好背道而驰，天堂也是如此。

4. 世俗的思想体系一旦彻底扭转过来，世界就此结束了。[2] 在那以前，它零零星星的观点还会说得振振有词。[3] 如果我们还不打算离开世界，还舍不下它小小的能耐的话，是不可能真正明了这足以结束世界的最后一课的。[4] 那么，在这最后一课中，上主之师究竟负有什么使命？[5] 他只需学习接受它的指点，心甘情愿且按部就班地修。[6] 如果上主的天音说他能够学会这一课，只要他信得过，他必能学会的。[7] 他不再自行判断此课的难易。[8] 他相信那位圣师不只会指引方向，还会具体指点他学习的途径。

5. 世界必会在喜乐中结束，因为这儿是哀伤之地。[2] 喜乐一旦来临，世界就失去了存在的目的。[3] 世界会在平安中结束，因为这儿是杀戮战场。[4] 平安一旦来临，世界还有什么存在的必要？[5] 世界会在欢笑中结束，因为这儿是涕泣之谷。[6] 欢笑者所到之处，还有谁会哭泣？[7] 唯有全面宽恕，方能为世界带来这一切祝福。[8] 世界会在祝福中离去，它的结束和它的起始境界截然不同。[9] 上主之师的任务便是化地狱为天堂，因为他们教人的课程处处反映出天堂的幸福。[10] 现在，怀着真正谦逊之心坐下来，好好体会这一事实：凡是上主愿你去做的，你必能做到。[11] 切勿傲慢地说：你是不可能学会他为你订的课程的。[12] 他的圣言确有另一番说辞：[13] 愿他的旨意成就！[14] 此外别无其他的可能。[15] 为这一必然结局而感恩吧！

拾伍. 每一个人最后都会受到审判吗?

1. 当然会。[2] 没有人躲得了上主的最后审判。[3] 谁能永远逃避真相? [4] 但最后的审判会等到人们不再害怕它时才会来临。[5] 等到有一天每个人都伸出欢迎之手,最后的审判就会在那一天降临。[6] 他会听见宣判他无罪的声音回荡在整个世界;当世界能够接受上主对他的审判时,世界也重获自由了。[7] 救恩靠的就是这个审判。[8] 使他重获自由的也是这个审判。[9] 万物与他同时在这审判中重获自由。[10] 永恒的脚步一临近,时间便会暂停运作,整个世界顿时沉寂无声,使每个人都能听见上主对圣子的审判:

> [11] 你是圣洁、永恒、自由而且圆满无缺的,永远安息于上主的天心内。[12] 如今世界在哪里? 哀伤又在哪里?

2. 上主之师啊! 你可能对自己作出这个审判结果吗? [2] 你可相信此言真实不虚? [3] 不能,你还不能。[4] 这仍是你有待努力的目标,也是你身在此地的原因。[5] 你的任务就是培养自己得以听见这一审判,而承认它真实不虚。[6] 你只要彻底相信这一点,即使是短短的一瞬,你便能超越信念而达到肯定不疑之境。[7] 只要你能超越时间片刻,时间会就此告终。[8] 不要判断,因那无异于判断自己,这会延误最后审判的来临。[9] 上主之师啊! 你还要怎样判断世界? [10] 难道你还未学会引退下来,静听心内神圣的审判之音? [11] 难道你还想要篡夺上主的角色? [12] 学习静下来吧,因为只有在宁静中你才会听到他的声音。[13] 只要你肯退至一旁,静静地等候天音,上主的审判就会降临于你的。

3. 你有时候悲哀,有时候愤怒,有时候感到自己没有得到应得的照顾,你尽了全力,不仅未得到别人的欣赏肯定,还受到藐视;这些愚昧的念头都可以放下了。[2] 这些微不足道的想法,实在一刻都不配盘踞在你圣洁的心内。[3] 上主的审判正等着你给他机会释放你。[4] 你究竟还期待世界给你什么,不论那些礼物在你心目中重要与否? [5] 你必会受到一个公平而正直的审判的。[6] 上主诚实无欺。[7] 他的许诺必然万无一失。[8] 你只须记得这一点。[9] 这个审判有他的许诺作为保证,世界终将接受他审判的。[10] 你的任务就是让那末日审判早一点来临而已。[11] 你的任务就是把这审判珍藏于心中,并且带给全世界,才能确保它永不失落。

拾陆. 上主之师应该如何度日?

1. 这问题对资深的上主之师而言，实在没有太大的意义。[2] 人生的课程每天千变万化，是无法预先设定的。[3] 然而，有一点，上主之师相当肯定：生活中的变化绝非偶然发生的。[4] 看出这一点，并了解此言真实不虚，他就能够活得安心自在了。[5] 自然会有人告诉他，他在这一天以及每一天该扮演什么角色。[6] 凡是有缘与他共同演出的人，自会找上门来，一起进行当天该学的功课。[7] 他所需要的人绝不会缺席；凡是出现于他眼前的，必会带来一个既定的共修目标，那就是他当天该学的课程。[8] 因此，对资深的上主之师而言，这问题显然是多余的。[9] 这问题不只已经提出，而且已经答复了，他与那终极答复始终保持声息互通。[10] 他显得胸有成竹，因为展现在眼前的路是如此平坦而安稳。

2. 至于那些信心还不够坚定的人，又当如何？[2] 他们仍未达到随心所欲而不逾矩的地步。[3] 他们要怎样才能学会把这一天交托给上主？[4] 我们可以提供一些基本原则，只是当事人必须衡量自己的状况量力而为。[5] 若把它们当成例行公事，反而容易引发问题，因为它们很容易变为天条或偶像，而伤及原先设定这些原则的真正用意。[6] 我们可以这么说：好的开始是成功的一半。[7] 但如果一天之始就乱了脚步，他们随时都可以重新开始。[8] 当然，若想要节省时间的话，愈早开始获益愈大。

3. 一开始就怀着节省时间的初衷，是明智之举。[2] 这当然不是终极的评估标准，但在起步阶段，它的效果最为显著。[3] 开始时，我们会再三强调节省时间的重要性，它在整个学习过程也扮演着相当重要的角色，但是，愈到后来我们就会愈少强调它了。[4] 刚开始时，我们敢肯定地说，如果你能正确地开始一天的生活，必会帮你节省许多时间。[5] 至于我们究竟该投入多少时间？[6] 这完全取决于上主之师的个人需要。[7] 他必须操练过整部《练习手册》，才配称为上主之师，因为我们的操练是以本课程为基本蓝图的。[8] 他需要按部就班地完成《练习手册》的操练之后，才可把个人的需求列为基本考虑。

4. 这是一部相当具体务实的课程。[2] 上主之师一早醒来的环境未必适合静心。[3] 在这情况下，他只须记住尽快为自己安排一段能与上主共处的时间即可，愿他真能如此。[4] 时间的长短并不重要。[5] 一个人可能放松地闭着眼睛静坐一个小时却一无所得。[6] 一个人也能同样轻松地腾出片刻的时间，却在那一刻中全然结合于上主之内。[7] 总之，大致的原则即是：醒来之后，愈早静心愈好；当你开始坐立不安时，不妨再撑一两分钟。[8] 你也许会发现，那个障碍竟然变得无影无踪。[9] 若非如此，就该在此结束你的静心。

5. 晚上静心的步骤也大同小异。[2] 如果睡前一刻对你不太方便，你的静心时间可以安排得早一点。[3] 躺着静心，绝不是明智的选择。[4] 最好坐着，挑个你最自在的姿势。[5] 操练过一遍《练习手册》后，你对此多少也累积了一些经验。[6] 可能的话，临睡前是献给上主的最佳时刻。[7] 它会将你的心灵导入一种安息状态，不受恐惧的侵扰。[8] 若为了权宜之计不得不提早你的静心时间，至少在临睡前腾出片刻，闭起眼睛，想一想上主。

6. 你从早到晚应该特别把下面这个念头牢记于心。[2] 它是一种纯然喜悦之念、平安之念、无穷无尽的解脱之念；它之所以无穷尽，是因万事万物都会在这一念中重获自由。[3] 你以为你已经替自己建造了一座安全堡垒。[4] 你以为自己拥有一种能力，足以将你由梦中可怕的魅影里拯救出来。[5] 其实不然。[6] 那绝不是你的安全保障。[7] 你放弃的不过是那想要保全幻觉的大幻觉而已。[8] 那才是你害怕的，你害怕自己得放弃那些幻相。[9] 害怕虚无是多么愚蠢的事。[10] 那儿纯然空无一物！[11] 你的种种防卫措施一无所用，其实，你的处境也没有任何危险。[12] 你根本不需要这类防卫措施。[13] 一旦认清了这一事实，那些防卫伎俩就自行引退了。[14] 唯有如此，你才可能接受自己的真正保障。

7. 愿意接受上主保护的教师，便能轻松自在地度日了。[2] 他以前为自己建造的安全措施，再也引不起他的兴趣。[3] 因为他已安全了，而且内心对此肯定不疑。[4] 他的神圣向导绝不会辜负他的期待。[5] 他再也不去评估问题的轻重难易，因为他已将所有问题交托给"那一位"了，他的解决方案是没有难易之分的。[6] 他不只现在是安全的，在幻觉侵入心灵以前以及放下一切幻觉之后，他始终安全无比。[7] 他的处境并不会因时因地而有所不同，因为对上主而言，它们全是同一回事。[8] 这是他真正的保障。[9] 除此之外，他不需要任何保障了。

8. 然而，在人生旅途中，上主之师一路上仍会遇到诱惑，从早到晚，他都需要提醒自己，什么才是自己真正的保障。[2] 他该怎么做？尤其是当他在为世间的俗务操心挂虑时。[3] 他只能量力而为，只要他有必成的信念，他迟早会成功的。[4] 但他内心必须十分清楚，成功并非来自于他，而是来自天恩，不论何时何地或任何境遇，只要他求，就会得到。[5] 当然，有些时候，他不免会三心二意；心志一旦动摇，他就会掉入以前"求人不如求己"的诱惑中。[6] 不要忘了，这些念头都属于怪力乱神之流，与真实的援助相比，它只能算是一种可怜的替代品。[7] 它配不上上主之师的，因为它配不上上主之子。

9. 远离这些怪力乱神，你就远离了诱惑。[2] 所有的诱惑，说穿了，不过是一种想要取代上主旨意的企图而已。[3] 这种企图听起来很可怕，其实只是一种病态的表现。[4] 它发生不了任何作用，更谈不上什么好坏，它不会犒赏你也不要求任何牺牲，它既无疗愈之效也无破坏之力，既不能安抚人心也不足以激起你的恐惧。[5] 只要识破这些怪力乱神的虚无，上主之师就已达到修行的最高层次了。[6] 所有中阶课程都在致力于这一目标，将人导向这一认知。[7] 任何怪力乱神，不论化身为何种形式，最后都一事无成。[8] 正因它一无所能，才那么容易摆脱。[9] 发生不了任何作用的东西岂会吓得了任何人？

10. 世间没有一物取代得了上主的旨意。[2] 简而言之，上主之师应把他一天的精力为此真理作证。[3] 他一旦把任何替代品当真，他就被蒙蔽了。[4] 但只要下定决心不受蒙蔽，他就不可能受到蒙蔽。[5] 他不妨记住这句话："上主与我同在，[6] 我不可能受到蒙蔽。"[7] 他也可以选择其他的话，或是仅仅一个字，甚至一个字都不需要。[8] 然而，当他拒绝诱惑而不把怪力乱神当真时，心中应该非常清楚，那不是因为怪力乱神可怕，或是它多么罪过，也不是因为它危险，而是因为它毫无意义。[9] 怪力乱神深深地扎根于牺牲及分裂之念（这两者只是同一错误的两面而已），当他决定放弃怪力乱神时，他所放弃的其实是自己不曾拥有之物罢了。[10] 作此"牺牲"后，天堂就会重现于他的觉知当中。

11. 这种交易岂不是你梦寐以求的吗？[2] 世界若知道有这么好的生意，谁会不乐意接受这一交易？[3] 上主之师必须奔走相告：世上确有这种好生意可做。[4] 因此他们的任务就是先确定自己已经学到这一本领了。[5] 除非你仍然仰赖那些怪力乱神，你才会受苦，否则今天没有任何危险威胁得到你。[6] “除了上主旨意以外，没有其他的旨意存在。”[7] 上主的教师深知这一事实，并且明白，上主旨意之外全都沦为怪力乱神之列。[8] 只要你相信某一个无聊的幻相还蛮灵验，你就等于在为所有的怪力乱神背书了。[9] 上主的教师必须善用每天、每时，甚至每分每秒的机会，训练自己看穿种种怪力乱神，并且认清它们毫无意义。[10] 你一旦不再害怕它们，它们就会知难而退了。[11] 天堂之门就会为你重新开启，它的光明会再度照耀在你清净安宁的心灵上。

拾柒．上主之师该怎样面对怪力乱神之念?

1. 这对上主的教师及学生双方都是个关键问题。[2] 这一问题若处置不当，上主之师不只会伤害了自己，还会侵犯到他的学生。[3] 它会加深人的恐惧，使得这些怪力乱神对双方都显得真实无比。[4] 因此，如何处理人间的怪力乱神，成了上主之师必须掌握的一门重要课程。[5] 他的首要之务即是不去攻击它。[6] 只要怪力乱神之念仍会激起上主之师一点愤怒的情绪，无可置疑的，他不只加深了自己对罪的信念，而且定了自己的罪。[7] 还有一点是可以肯定的，他会为自己招来更多的烦恼、痛苦、恐惧以及灾祸。[8] 愿他牢牢记住，这并不是他愿传授别人的，因为这不是他想要学到的东西。

2. 然而，人们常会情不自禁地与怪力乱神互通款曲，不知不觉地助长了它的气焰。[2] 很少人能够识破这一阴谋。[3] 事实上，它还常常隐身于助人的善意之下。[4] 就是这别有企图的用心，使得那个善行产生不了什么作用，甚至还会导致种种令人不悦的后果。[5] 可别忘了，它的结果对师生双方都会产生同等的影响。[6] 我们已经强调过许多次，“你所给的一切都是给你自己的”。[7] 没有比上主之师协助别人的案例更能清楚地验证这一观点了。[8] 他会清楚看到他给的一切真的是给他自己的。[9] 因为他给出的必然是自己想要得到之物。[10] 而这份礼物藏有他对神圣的上主之子的判断。

3. 一个极其明显的错误，如果它的后果是有目共睹的，就很容易修正过来。[2] 只要师生双方有志一同，真诚地学习这一课，他们会同时得到解脱的。[3] 唯有当他们别有企图，各怀鬼胎时，攻击之念才会乘虚而入。[4] 如果学习的后果并未带给人任何喜悦，表示已经落入了上述的陷阱。[5] 如果教师本身能够一心一意，就能将三心二意的学生导向同一个方向，只要教师的求助别无二心。[6] 那么，就很容易得到唯一的答复了，这种答复保证会进入上主之师心中的。[7] 它会由老师的心灵照入学生的心中，他们的心灵便合而为一了。

4. 没有人会对一个单纯的事实而发怒的，只要记住这一点，对你的帮助一定很大。[2] 任何负面的情绪都是你的诠释勾引出来的，不论你是为了某种状似事实的现象而气得理直气壮。[3] 也不论你的怒气多强或多弱。[4] 即使只是轻微的不悦，轻微得令人难以觉察。

[5] 即使你已怒火中烧，生出了暴力的念头，不论你只是在脑海里遐想或具体付诸行动。[6] 这一切都无关紧要。[7] 所有的情绪反应全是同一回事。[8] 它们只是企图蒙蔽真相而已，这与你情绪的强弱无关。[9] 真相对你若非历历在目，就是隐晦不明。[10] 你不可能只认出部分的真相。[11] 你若看不到真相，表示你已经落入幻相了。

5. 若以瞋心来回应外界的怪力乱神，便会勾出人心最深的恐惧。[2] 只要想一想这种反应的含意，就不难看清它在世俗思想体系中扮演了何等关键的角色。[3] 怪力乱神之念本身即是为自己与上主的分裂状态背书。[4] 它以最直接而清晰的方式重申自己的信念："凡是相信怪力乱神的心灵，都拥有一个与上主旨意相反的个别意愿，并且相信它有'心想事成'的能力。"[5] 这分明不是事实。[6] 但人们显然已把它当做事实。[7] 它就这样成了滋生罪咎的温床。[8] 于是，篡夺上主之位而自立为王的小我，如今出现了一位致命的"敌人"。[9] 它必须赤手空拳地保护自己，为自己建立一套防卫措施，才抵挡得了上主难以抚平的义怒，以及永不餍足的天谴。

6. 这实力悬殊的战争会有什么结局？[2] 结局已经注定，必然死路一条。[3] 那么还有谁敢信赖自己的防卫措施？[4] 为此，你不能不转身求助于怪力乱神。[5] 你还得把这场天人之战彻底遗忘。[6] 先接受这个事实，然后把它忘掉。[7] 别让自己忆起这盘永无胜算的赌局。[8] 也别让自己忆起那强大得令你难以招架的"敌人"，更不要去想那个相形之下不堪一击的自己。[9] 接受你的分裂状态，但无须记得它是如何形成的。[10] 相信自己已经赢了一局，不要让你头号"对手"的真相在你心中留下一丝记忆。[11] 再把你的"遗忘"投射到他身上，让他也好似忘了这一回事。

7. 然而，你此刻对所有怪力乱神的看法会作何反应？[2] 那些念头只会重新唤醒沉睡的罪咎，虽然你将它藏于心底，始终不愿放弃。[3] 每个罪咎都毫不留情地提醒你惊骇的心灵："你已篡夺了上主之位，[4] 切莫以为他会就此罢休。"[5] 这是对上主的恐惧最冷酷的写照了。[6] 因为罪咎就是靠这一念而把疯狂推上了神的宝座。[7] 如今，希望已经破灭。[8] 除了置他于死地以外，你别无出路。[9] 这是你唯一的"得救"之道。[10] 愤怒的父亲开始向他罪孽深重的儿子讨债了。[11] 你若不痛下杀手就得坐以待毙，这是你当前的唯一选择。[12] 此外别无出路，因为你所做的一切已经覆水难收了。[13] 斑斑血迹是永远清洗不掉的，手沾血腥的你，不能不以死亡来偿命。

8. 就在这令人绝望的世上，上主派来了他的一群教师。[2] 他们从上主那儿带来希望之光。[3] 为人类指出一条生路。[4] 这是可以学会也能传授别人的课程，只是需要相当的耐心与充分的愿心才行。[5] 在这个前提下，本课程的单纯性就凸显出来了，它会化为一道耀眼的白光划过黑暗的长夜，那是地道的光明。[6] 愤怒既然来自你的诠释，而无关于外在现象，你就再也无法愤怒得理直气壮了。[7] 你只要稍微明白这一点，一线生机就会跃然呈现于你眼前。[8] 如此，你才可能踏出下一步。[9] 你终于能够改变自己的诠释了。[10] 从此，怪力乱神之念再也无法害你咎由自取了，因为它们已无激发罪咎的真实能力了。[11] 上主之师已能漠视它们的存在，这才是最上乘的遗忘功夫。

9. 发狂的心只是看起来很恐怖。[2] 它实际上一无所能。[3] 就像那供它使唤的怪力乱神一样，既无打击能力，也无保护能力。[4] 你若着眼于怪力乱神而且承认它的思想体系，你就等于着眼于虚无之境。[5] 虚无岂有激发愤怒的能力？[6] 这是说不通的。[7] 因此，上主之师，请记住这一点：愤怒眼中所看见的那些事实其实并不存在；反之，你的愤怒倒是具体证明你已把那现象弄假成真了。[8] 除非你能看清自己的情绪反应只是针对你投射到外界的诠释而发的，否则你是不可能摆脱它们的。[9] 现在就放下你那把无情的剑吧。[10] 死亡并不存在。[11] 这剑也不存在。[12] 你对上主的恐惧是毫无理由的。[13] 然而，他的圣爱却给了你超越一切恐惧的绝对理由，只有它才是永远存在而且永远真实的。

拾捌. 如何修正错误？

1.　　只有等到上主之师不再把诠释与事实，或把幻相与真相混为一谈时，才可能作出持久性的修正，而也唯有这种修正才是真实的。[2] 他若与学生为了一个怪力乱神的说法而起争执，且大肆抨击，总想找出它的毛病，证明它的谬误，这反而加重了那种说法的真实性。[3] 这么一来，他不会不感到沮丧的，因他不只向学生同时也向自己“证明”了，他们又多了一份摆脱某个“真实之物”的负担。[4] 这绝非事实。[5] 实相永远不会改变。[6] 怪力乱神之念纯属幻相。[7] 否则，救恩也会沦为跟它们一样古老也同样不可能实现的梦了，只是形式有所不同而已。[8] 然而，救恩之梦有它独到的新内涵。[9] 它们不同之处绝不限于外在形式而已。

2.　　上主之师的主要课程就是学习如何不愠不怒地去应付那些怪力乱神的看法。[2] 他们必须透过这一形式才能向世人宣告自己的真相。[3] 而圣灵也唯有透过他们才能道出上主之子的实相。[4] 如今，他终于能够重申世界的清白无罪了，那是一个不曾改变、也永不改变之境，犹如上主的其他造化。[5] 如今，他能够向开启的耳朵宣讲上主的圣言，为开启的眼睛带来基督的慧见。[6] 如今，他能自由地向所有的人解说心灵的真相，他们才可能欣然回归于他。[7] 如今，在上主的眼中以及他的圣言下，罪咎已蒙宽恕，从此一笔勾销了。

3.　　然而，愤怒依然叫嚣着：“罪咎真的存在！”[2] 当这神智不清的信念取代了上主的圣言时，真理实相就被蒙蔽了。[3] 于是，只有肉眼能“看”，只有耳朵能“听”。[4] 身体所在的小小空间以及苟延残喘的呼吸反倒成了衡量真实生命的标准。[5] 真理显得微不足道且了无意义。[6] 针对上述观点以及由此而生的世界，修正只会提供一个答复：

> [7] 你只是误把自己的诠释当成真相而已。[8] 你错了。[9] 但是错误并非罪恶，你的错误也篡夺不了真理实相的宝座。[10] 上主永远君临天下，唯有他的律法对你及世界有约束力。[11] 他的圣爱才是唯一真实的存在。[12] 恐惧只是幻觉而已，因为你其实与他一样。

4. 若要获得疗愈，上主之师首要之务就是修正自己的一切错误。[2] 只要他一意识到自己对任何人生出一丝不满即刻觉察自己已经作了一个不实的诠释。[3] 也愿他随即转向心内那位永恒的向导，让他来决定应当如何回应才是。[4] 如此，他便已疗愈了，而他的学生也会与他一起获得痊愈。[5] 上主之师的唯一责任就是自己先接受救赎。[6] 所谓救赎，不过是修正或化解自己的种种错误而已。[7] 当上主之师完成了这门功课，他就名副其实地成了奇迹志工。[8] 他的罪既已得到了宽恕，他便不再定自己的罪。[9] 那么他岂会定任何人的罪？[10] 还有什么人是他的宽恕所无法疗愈的？

拾玖．何谓正义？

1. 正义乃是针对不义的一种修正。[2] 世间所有判断的基础都是不公正的。[3] 正义不只修正了那孳生不义的种种诠释，还会将它们一笔勾销。[4] 天堂里没有正义或不义这一回事，因那儿既无犯错的可能，修正自然显得毫无意义了。[5] 然而，人间的宽恕所靠的就是这个正义，因为所有的攻击均是不义之举。[6] 圣灵对世界的判决就是要还它一个公道。[7] 只有他的审判才可能公正无私，因为世上没有人能够放下所有不义的心态而作出全然公正的诠释的。[8] 上主之子若能得到公正的判决，就不需要救恩了。[9] 分裂之念也就永远成了不可思议之事。

2. 正义与不义一样，只是一种诠释而已。[2] 然而它的诠释能够将人导向真理。[3] 它之所以有此能耐，是因为它本身虽非真实的存在，它的内涵却无一处与真理相违。[4] 正义与真相之间没有本质上的矛盾，正义只是迈向真相的小小一步罢了。[5] 只要踏出了这一步，它就会将你领至另一方向。[6] 你此行所遇到的壮丽景观和辽阔的视野，绝不是你举步之初预想得到的。[7] 随着脚步的前进，即使柳暗花明，日臻佳境，但与此路的尽头，时间告终之境的奇绝景观相比，它就相形失色了。[8] 然而，千里之行始于足下。[9] 这个起点就是正义。

3. 你对自己及弟兄的一切看法，对未来的忧惧及对过去的所有挂虑，都源自于一种不义之心。[2] 因为心灵先为自己打造了一副心爱的眼镜，戴在眼前，扭曲了一切所见，再把世上饱经扭曲的种种有形见证，带回心灵之中。[3] 世上的每一种观念都是经由这种自导自演的操纵伎俩，加以分别取舍而成的。[4] 人们也是透过这一分别取舍的过程，看到了“罪”的行踪，而且证据确凿；所有圆满之念就此失落了。[5] 在这项阴谋内，宽恕无法容身，因为每一个“罪”永远都会显得真实无比。

4. 何谓救恩？它即是上主的正义。[2] 它让你能够在那些支离破碎的现象背后觉察圆满的存在。[3] 只有这一觉知才能克服死亡的恐惧。[4] 因为支离破碎之物注定会腐朽灭亡，只有圆满的生命才能永恒不朽。[5] 它永永远远都与自己的造物主相似，而且一体不分。[6] 上主的正义就在于他的审判。[7] 上主的审判从不定人之罪，他的评估也纯粹出于爱；是你把自己不公正的判断投射到他身上，把你那扭曲变形的镜片挂在他的眼前。[8] 于是，那一看法顿时成了他的看法，而与你无关了。[9] 你开始怕他，丝毫看不出自己又怕又恨的敌人其实是你自己的真实自性。

5. 祈求上主的正义来临吧！别让你失常的神智误解了他的仁慈。[2] 知见确实有能力造出心灵想要看到的任何东西。[3] 请记住这一点。[4] 天堂或地狱就在于你这一选择中。[5] 上主的正义指向天堂之境，因为它是彻底公正不阿的。[6] 它接受人们提供的所有证物，不剔除任何一项；但它评估时，绝不会单独针对某人而不把所有相关人物一并列入考虑的。[7] 这是它审判的唯一原则与立场。[8] 所有的攻击与定罪在它面前变得毫无意义，也无法自圆其说了。[9] 知见就此终结，心灵开始安静下来，光明再度来临。[10] 如今，慧见终于重新现身了。[11] 曾经失落的，如今都已寻回。[12] 上主的平安重新降临整个世界，我们也看见了。[13] 是的，我们都看见了。

贰拾. 何谓上主的平安?

1. 福音里曾经提过一种不属于这个世界的平安。[2] 究竟如何认出它来？[3] 如何才能找到它？[4] 找到之后，又如何守住它？[5] 让我们逐一思考这些问题，因为每个问题都反映出你一路上会经历到的不同阶段。

2. 首先，怎样认出上主的平安？[2] 要认出上主的平安，你必须先明白一事，它与你旧有的经验全然不同。[3] 它带给你心灵的将是一种前所未有的感觉。[4] 与你过去的经历毫无相通之处。[5] 那是一种全新的经验。[6] 它与过去的一切还会构成一种鲜明的对比。[7] 奇怪的是，这对比所凸显的并非某种具体差异。[8] 过去那一切只是悄然隐退，永恒的宁静会前来取而代之。[9] 如此而已。[10] 先前显示的对比性就这样烟消云散了。[11] 宁静渐渐笼罩了一切。

3. 如何才能找到这种宁静？[2] 你只须找出宁静的存在条件，就会找到它的。[3] 愤怒所在之处，上主的平安绝对无法进入，因愤怒必会抵制平安的来临。[4] 只要你还想为自己的愤怒寻找借口，不论以什么方式或在任何场合下，你等于公开宣告平安没有存在的意义；那么你必然也会相信它没有存在的可能。[5] 平安是不可能在这种心态中现身的。[6] 为此，宽恕成了你找回上主平安的先决条件。[7] 我们甚至可以这样说，宽恕所在之处，平安必会来临。[8] 试问，除了攻击以外，还有什么因素会引起斗争？[9] 除了平安以外，斗争还有什么其他的对头？[10] 它们之间的对比最初会显得格外醒目。[11] 但是，你一旦找到了平安，斗争就会顿失意义。[12] 于是，冲突对你反而成了非常虚幻不实的事了。

4. 找到上主的平安之后，如何才能守住它？[2] 只要愤怒一起，不论大小轻重，你都会被罩在一帘沉重的帷幕之下，而认为平安不可能存在的信念必会复萌。[3] 于是，斗争又再度被视为唯一的现实。[4] 此时的你必须再次放下手中的剑，纵使你未必觉察自己早已执戈备战了。[5] 然而，只要此刻的你还依稀记得自己手中无剑时的幸福，你就会慢慢看出自己必然已经再度武装起来保护自己了。[6] 现在，不妨静下来想一想：你真的想要冲突吗？难道上主的平安不是更好的选择？[7] 哪一个会带给你更大的益处？[8] 可别小看了宁静之心这份礼物。[9] 你岂会不想好好地活下去而宁愿选择死亡？

5. 生活原是一种喜悦，只有死亡才会哭泣。[2] 你仍指望死亡能够帮你由自掘的坟墓中脱身。[3] 你不敢承认：你营造出死亡只是为了给自己一个结束的幻相而已。[4] 死亡不可能成为你的出路，因为它没有生命，而所有的问题都出在生命那里。[5] 生命没有对立，因为它就是上主。[6] 是你决定以死亡来结束生命，生命与死亡才会对立起来的。[7] 宽恕世界吧！你就不难明白，上主所创造的一切，是没有终结的；凡不是他所造之物，都不是真实的。[8] 这一句话足以说明本课程的宗旨。[9] 这一句话为我们的修行指出了单一方向。[10] 这一句话道尽了圣灵整套课程的基本特质。

6. 何谓上主的平安？[2] 它只是彻底明白了上主的旨意不可能有对立的存在，如此而已。[3] 任何与他旨意冲突的念头，均不可能是真实的。[4] 他的旨意与你的意愿之间的对立性，只不过看起来真实得很。[5] 然而，真理内是没有矛盾的，因为他的旨意即是你的意愿。[6] 如今，上主将他的伟大旨意送给了你。[7] 他无意私藏，更不愿隐瞒。[8] 为什么你却想把自己微不足道的种种幻想隐瞒着他？[9] 上主的旨意只有一个，它是唯一真实之物。[10] 也是天赋予你的遗产。[11] 凌驾日月星辰之上的宇宙以及你可能想出来的任何念头，也都非你莫属。[12] 上主的平安能为上主的旨意铺路。[13] 你一得到他的平安，便会忆起他的。

贰拾壹. 语言在疗愈过程中扮演什么角色?

1. 究竟说来，语言对疗愈的作用微乎其微。[2] 祈祷（或是祈求）才是促成疗愈的主要动力。[3] 你求什么，就会得什么。[4] 这儿指的是出自肺腑的心祷，而非你喃喃自语的祈祷内容。[5] 祈祷内容与祈求本身有时是矛盾的，有时则会心口一致。[6] 这都不是问题。[7] 反正上主听不懂人的语言，因为语言乃是分裂的心灵为了继续活在分裂的幻境中而造出来的。[8] 然而，语言对初学者特别有用，它能帮人专注，帮他排除或至少控制住有如脱缰之马的杂念。[9] 然而，不要忘了，语言只是象征的象征。[10] 因此，它离真相有双重之隔。

2. 语言虽然只是一种象征，却有相当具体的指标作用。[2] 即使它有时显得极其抽象，但心灵所接收到的却可能是一幅很具体的图像。[3] 任何一句话若不能引发心灵具体的联想，它便不具实质的意义，也无助于疗愈的过程。[4] 出自肺腑的心祷并非真的要求什么实质东西。[5] 它的要求常指向经验层次，它之所以提出某个具体要求，是因当事人认为那东西能带来他所渴望的经验。[6] 为此，他的话不过象征了他祈求之物，而他祈求之物又象征着他所渴望的经验罢了。

3. 祈求世俗之物，就会带来世俗的经验。[2] 如果心祷祈求的是这个，就会得到这个，因为他只会接收到这个。[3] 在祈求者的心目中，心祷是不可能落空的。[4] 即使他心中祈求之事是不可能的，或根本就不存在，或是全然虚幻之物，他都会如愿以偿。[5] 他的抉择具有“心想事成”的能力。[6] 地狱或天堂，就在这一选择中。[7] 上主之子虽然沉睡不醒，并未失去这一能力。[8] 这已绰绰有余了。[9] 至于他说什么，无关紧要。[10] 只有上主的圣言才有意义，因为它所象征的境界不是人间任何象征所能望其项背的。[11] 只有圣灵了解这个圣言所代表的意义。[12] 而这也绰绰有余了。

4. 那么，上主之师教导他人时，是否该避而不用语言？[2] 绝非如此！[3] 许多人仍无聆听“大音希声”的能耐，他们非靠语言不能交流。[4] 然而，上主之师必须学习新的遣词用字之道。[5] 他还须慢慢学习不再自行决定要说的话，而让圣灵为他选择适当的措辞。[6] 这一学习过程正好成了《练习手册》“我要退让下来，让他指引前程”的脚注。[7] 上主之师得先接受圣灵给他的话，才能把自己领受到的分享出去。[8] 他不再操控自己的话语的流向。[9] 他只是聆听，真正听到以后才会开口发言。

5. 上主之师在这学习过程中最大的障碍，就是担心自己所听到的话是否真实可靠。[2] 他所听到的很可能令他惊愕不已。[3] 或者与他心目中的问题毫不相干，那个答复甚至让这位老师感到尴尬或困窘。[4] 诸如此类的评估其实不值得你一顾。[5] 因为这些评估全出自于连他自己都弃之犹恐不及的自惭形秽心理。[6] 切莫评判自己所接收到的话，你应满怀信心地分享出去。[7] 它远比你自己想出的话有智慧多了。[8] 上主之师所用的象征都有上主圣言为它撑腰。[9] 他会亲自在他们的话中赋予圣灵的大能，原本没有什么意义的象征便升华为天堂的召唤了。

贰拾贰. 疗愈与救赎有何关系？

1. 疗愈与救赎之间不只相关，它们原是同一回事。[2] 奇迹之所以没有难易之分，是因为救赎没有程度之别。[3] 它是世上唯一可能存在的完整观念，因为它是彻底一贯的知见之源头。[4] “片面的救赎”这一观念毫无意义，它就像“天堂设有一个地狱特区”的说法同等的荒谬。[5] 接受救赎，就等于获得了疗愈。[6] 救赎即是上主圣言。[7] 只要领受了他的圣言，疾病从何而生？[8] 一旦领受了他的圣言，你等于完成了所有的奇迹。[9] 宽恕即是疗愈。[10] 上主之师已经把接受救赎当成自己的唯一任务。[11] 那么，还有什么是他无法治愈的？[12] 还有什么奇迹超乎他的能力之上？

2. 上主之师的成长进度有快有慢，全看他是否认得出救赎无所不包的特质，是否有时还会刻意隐藏某些问题。[2] 有的人能顿时悟出救赎的课程可以完美地套用于任何情境，但这种情形相当少见。[3] 上主之师接纳上主所赋予的使命时，未必能够完全明了这一接纳将会带给他的一切。[4] 只有结局，他是肯定不疑的。[5] 当时机成熟时，他自会领悟出救赎无所不包的深意。[6] 当前程显得遥遥无期时，愿他放心地走下去。[7] 因他的方向已经确定。[8] 这已绰绰有余了。[9] 只要他完成了自己的必修课程，上主岂会不玉成其余的一切？

3. 上主之师若想百尺竿头更进一步，必须了解宽恕就是疗愈。[2] “身体可能生病”乃是小我思想体系中的一个核心观念。[3] 这一想法赋予了身体的独立自主性，由心灵分裂出去，使攻击的念头变得天经地义。[4] 身体若能生病，救赎便无法立足了。[5] 因为身体若能颐指气使地让心灵就范，表示它已篡夺上主的地位，证明了救恩不可能存在。[6] 果真如此，有待治愈的究竟是什么？[7] 身体已成了心灵的主人。[8] 除非把身体除掉，否则心灵如何回归圣灵？[9] 然而，有谁会为救恩付出这么高的代价？

4. 无可讳言的，生病一点都不像是一种抉择。[2] 也不会有人真的相信是自己故意要生病的。[3] 在理论上，我们不难接受这一说法，一旦落实到自己以及所有人身上时，很少人能把这一看法普遍应用于所有的疾病上。[4] 上主之师祈求的疗愈奇迹，并非针对这一层次。[5] 他会跳过对方的身心结构，直接看见基督圣容的光辉修正了一切错误，治愈了所有的知见。[6] 上主之师一旦认清了需要疗愈的是谁，就会带来疗愈的结果。[7] 这种体认并不限于某个固定对象。[8] 它的真实性同样适用于上主的一切造化。[9] 所有幻相就在这一体认中一并获得了痊愈。

5. 上主之师若无法疗愈他人，那是因为他忘了自己的神圣自我。[2] 于是，他人的疾病遂成了他自己的病。[3] 他一定已经与他人的小我认同，而且把他误认为是一具身体，才可能发生此事。[4] 如此一来，表示他已拒绝了自己的救赎，再也无法因基督自性之名带给弟兄救赎了。[5] 其实他根本认不出自己的弟兄；天父从未创造过身体，因此他在弟兄身上所看到的只是一个虚假不实的生命。[6] 错误无法修正错误，扭曲的知见也无疗愈的能力。[7] 上主之师啊！快退下来吧！[8] 你已经一错再错。[9] 不要再带头领路了，因你早已迷途。[10] 尽快转向你的圣师，接受他的疗愈吧！

6. 救赎的效果是放诸四海皆准的。[2] 对所有的人以及一切境遇都具有同等的实用价值。[3] 它具有治愈所有人以及一切疾病的能力。[4] 不相信这一点，等于是对上主不公，亦是对他的不忠。[5] 生病的人必然已经把自己视为一个与上主分裂的个体生命了。[6] 你难道也想把他视为与你自己分裂的另一生命？[7] 你的工作就是治愈那导致他生病的分裂意识。[8] 你的任务就是帮他认出他对自己的一切信念毫不真实。[9] 你的宽恕必须向他显示出这一事实。[10] 治愈其实是非常简单的事。[11] 就是接纳救赎以及与人分享救赎。[12] 只要你肯接纳，必会领受到的。[13] 就在接纳之际，你已疗愈了。[14] 其余的一切必会随此唯一目标而至的。

7. 有谁限制得了上主的大能？[2] 有谁敢说哪种人该得到哪一种疗愈？又有谁敢说哪些事连上主的大能都无法宽恕？[3] 这类想法可说是神智失常。[4] 上主之师没有资格为他设限，因为他连判断上主之子的资格都没有。[5] 判断他的圣子，就等于限制他的天父。[6] 两者都一样的荒谬无稽。[7] 然而，上主之师必须先认清两者其实是同一个错误，才可能真正明白它们的荒谬之处。[8] 如此，他就等于接受了救赎，因他已经撤回了自己对上主之子的判断，接受上主创造他的本来面目。[9] 他再也不会与上主对立，也不再自行判别何处需要疗愈或何处时机尚未成熟。[10] 如今，他终于能与上主一起说："这是我的钟爱之子，他是永恒圆满的创造。"

贰拾叁．耶稣在疗愈的过程中可有特殊的地位？

1. 很少人能直接领受上主的恩赐。[2] 即使是最资深的上主之师，在世上也会禁不住向诱惑低头。[3] 如果他们的学生为此之故而错失了疗愈的机会，岂不是太不公平了？[4] 新约里常提到“因耶稣基督之名而求”。[5] 这会不会演变成一种怪力乱神的诉求？[6] 名字本身没有治愈的能力，任何符咒也招不来什么神力。[7] 那么，呼求耶稣基督之名究竟有何意义？[8] 呼求他的圣名又有什么加持力可言？[9] 为什么向他祈求会成为疗愈过程的一部分？

2. 我们反复说过，凡是已经亲自圆满地接受救赎的人，必有治愈世界的能力。[2] 耶稣确实做到了。[3] 别人还可能继续受到诱惑，但绝非这“一位”。[4] 他是复活的上主之子。[5] 他克服了死亡，因为他已接受了生命。[6] 他已认清了上主创造他的本来面目，因而了悟一切有情众生都是他生命的一部分。[7] 如今，他承继了无限的能力，也就是上主的大能。[8] 他的名字变成了上主的圣名，因他不再把自己视为与上主分裂的个别生命了。

3. 这对你有何意义？[2] 它意味着，当你记起耶稣时，你就会忆起上主。[3] 圣子与天父的整个关系都系于他内。[4] 他在圣子奥体中所扮演的角色，也是你的角色；他圆满的成就乃是你成功的保证。[5] 他对我们还帮得上忙吗？[6] 你得到他的答复了么？[7] 可别忘了他的许诺；你不妨扪心自问一下，他可能对自己的许诺食言吗？[8] 上主岂会辜负圣子的期待？[9] 已经与上主合一的人所言所行怎么可能不肖似他？[10] 凡是超越身体的人必也超越了一切限制。[11] 这位伟大的导师岂会弃而不顾那些追随他的门徒？

4. 耶稣基督之名本身只是一个象征而已。[2] 它代表的是超乎世界之上的爱。[3] 你可以安心用此象征来取代你所祈求的任何神明。[4] 当他的圣名在你心中回响之际，便成了上主圣言的耀眼象征；这象征如此接近圣言，几乎到了融合无间的地步。[5] 忆起耶稣基督的圣名，就等于感谢上主对你的一切恩赐。[6] 这份感恩之心成了你忆起上主的途径，因为爱是不会离开感恩之心太远的。[7] 如此，上主才会翩然来临，因为感恩之心乃是你返回家园必备的真实条件。

5. 耶稣一直在前引导着你。[2] 何以你对他毫无感恩之情？[3] 他向你要求爱，是因为唯有如此他才可能把爱赐给你。[4] 你并不爱自己。[5] 但在他的眼中，你是如此的可爱，如此完美无瑕，他能从中看到天父的肖像。[6] 你成了他的天父在世的具体象征。[7] 你是他的希望，因为他在你内看到一个完美无瑕又无限的生命。[8] 基督的慧见在他眼中闪耀着永恒不灭的光芒。[9] 他一直陪伴在你身边。[10] 你难道不想由他的经验中学习救恩的课程？[11] 他既已为你走过这一段旅程，你为什么宁可从头学起？

6. 世上没有一个人能够真正了解天堂的真相，也不会明白那唯一的造物主究竟是何物。[2] 然而，我们有许多见证。[3] 他们都是充满智慧的“善知识”。[4] 这些先圣先贤的成就远远超过我们所能学到的境界。[5] 我们岂能继续教人自己那套画地自限的经验？[6] 真有奉献精神的上主之师是不可能忘却自己的弟兄的。[7] 然而，他只能献给弟兄他自己所学到的一切。[8] 为此，你需要转向那已放下了所有限制而且超越了学习极限的“一位”。[9] 他会携你同行，因他从来不曾独行过。[10] 你其实一直与他在一起，正如此刻一样。

7. 本课程就是出自于他，因为他知道如何以你喜爱又熟悉的语言与你相通。[2] 除了他以外，还有没有其他老师用不同的象征为不同语言的人指点迷津？[3] 当然有。[4] 对于身陷困境的人，上主岂会不伸出援手，为他们量身打造一位足以象征他的人间救主？[5] 我们需要各式各样的课程，不是因为需要不同的内容，而是为了因材施教，我们需要不断改变或调整所用的象征而已。[6] 耶稣已经前来答复你的祈求了。[7] 你会在他内找到上主的答复的。[8] 现在就与他一起去教吧！他会与你同在，因为他一直都在你身边。

贰拾肆．真有轮回这一回事吗？

1. 究竟说来，不可能有轮回这一回事的。[2] 既然没有过去或未来，那么投胎一次或者多次的说法就失去了意义。[3] 因此，确切地说，轮回不可能是真的。[4] 我们最多只能这样问：“轮回观对人有没有任何益处？”[5] 这当然要看你如何运用这一观念而定。[6] 如果它能加深人们对生命永恒本质的认识，当然有所帮助。[7] 此外，还有什么问法能够照亮人心？[8] 轮回观就像其他的信念一样，都有被人妄用的可能。[9] 这种误用，最轻微的，会让人陷于过去的阴影，或是以过去为荣。[10] 最严重时，它会使人当下感到欲振乏力。[11] 在这两种极端之间，什么愚昧的想法都可能出现。

2. 不论在什么情景下，轮回都不是“此刻”所能处理的问题。[2] 即使它是导致目前困境的原因，这人若想脱身，也只能在“此刻”下工夫。[3] 即使他想为未来的日子打好基础，他也只能在此刻为自己的得救而努力。[4] 轮回观对某些人可能具有安抚的力量，只要它有鼓舞人心的作用，你就无法否定它的价值。[5] 有一点是可以肯定的，不论相信或不相信轮回，你都能找到救恩的。[6] 因此，不要把这观念视为本课程的中心思想。[7] 只要是以过去的角度来看目前的问题，多少都会有些风险。[8] 然而，任何观念只要能加强“生命与身体是两回事”的认知，对人多少也会有些益处的。

3. 为了我们的宗旨，最好不要对轮回观采取某种特定立场。[2] 上主之师对相信或不信轮回的人都应有所启发。[3] 若硬要他采取某种特定的立场，反而限制了他对别人的帮助，对他本人的决定也是一种限制。[4] 凡是人们尚未准备好接受的观念（不论他先前持有何种信念），本课程通常都会轻描淡写地带过。[5] 他的小我已经让他应付不暇了，再用宗派之间的歧论加重他的负担，实是不智之举。[6] 如果他因书中某种说法符合他相信已久的理念而接受本课程，这种不成熟的心态也不会带给他什么好处的。

4. 本课程的目的乃是彻底扭转人的想法，这一点，不论怎么强调都不为过。[2] 当你达到这一目标时，轮回观可信与否这类问题就变得毫无意义了。[3] 在那之前，这类问题只会引发更多的争议而已。[4] 因此，上主之师应明智地避开所有类似的问题，毕竟，除此之外还有更多的课题有待他去“教”与“学”。[5] 他有责任去“学”与“教”人明白，这些理性争辩只是浪费时间，白耗心力，且会偏离原定的目标。[6] 任何概念或信念，只要对人有一点帮助，圣灵一定会提醒他的。[7] 他还会教他如何发挥其用。[8] 此外，上主之师还需要知道什么？

5. 这是否意味上主之师不该相信轮回这一回事，也不该与相信轮回的人讨论这类问题？[2] 答案是：绝非如此！[3] 如果他个人相信轮回，也无须放弃这个信念，除非他内在的“圣师”劝他放下。[4] 这种情形极其少见。[5] 他的“圣师”只会提醒他，他可能已误用了这一信念，而妨碍了学生或自己的成长。[6] 必要时，他会建议上主之师重新诠释。[7] 总之，他只须把握住一点，即是：诞生不是生命的起点，死亡也非它的终点。[8] 不过对初学者而言，连这一点都不必强求。[9] 他只需要接受一个观点，就是：他所知道的并非所有的真相，他还有许多待学之处。[10] 如此，他的旅程便开始了。

6. 本课程的重点自始至终都不曾变过，即是：圆满的救恩已在这一刻赐给了你，你也能在这一刻接纳救恩。[2] 这才是你的唯一责任。[3] 你也可以把“救赎”理解为“完全不受过去的羁绊，毫不在意自己的未来”。[4] 天堂就在此地。[5] 此外没有其他地方。[6] 天堂就在当下。[7] 此外没有其他时间。[8] 凡是与此目标无关的教导，上主之师一概没有兴趣。[9] 任何信念，只要你能赋予适当的诠释，都能将人带向这一目标。[10] 为此，我们可以这样说，任何理念真实与否，全凭它对人有无益处而定。[11] 只要是能够助人成长的信念，都值得我们尊重。[12] 这是本课程的唯一评定标准。[13] 这一标准对你也就够用了。

贰拾伍. “通灵能力”值得追求吗?

1. 这问题的答复与前一个问题极其相似。[2] 根本没有所谓的“超自然力”这一回事，那显然是追求怪力乱神者凭空造出的一种能力。[3] 无可否认的，每个人都藏有许多自己尚未发掘的能力。[4] 随着觉知力之增长，他很可能发展出某种令自己惊讶的能力来。[5] 然而，不论什么特异功能，与他忆起自己真相时的荣耀与惊喜相比，简直不堪一提。[6] 愿他所有的修持功夫都以最终的“大惊喜”为目标，不再满足于路边小小的礼物而耽搁了前程。

2. 当然也有不少“通灵”能力与本课程的精神是相符的。[2] 天人交流本来就不限于这个世界所懂的狭隘管道。[3] 否则，传播救恩便成了徒劳而无功之事。[4] 因为那些管道根本不可能传播救恩的信息。[5] 世界对天人交流所设的限制，正是让人经验不到圣灵的基本障碍；他的“临在”从未缺席过，只要有心聆听，必能听见他的天音。[6] 这些限制都是出自恐惧之心，一旦被撤除了，把世界分隔得支离破碎的围墙便会应圣灵之声而坍塌下来。[7] 任何人不论以什么方式超越这些限制，他只是变得更自然而已。[8] 他并未做出任何特殊的事情，他的成就亦毫无神奇之处。

3. 上主之师在学习过程中所练出的看似新颖的本领，可能非常有用。[2] 只要他能献给圣灵，且遵照他的指示而用，它们都会成为相当重要的教学工具。[3] 就这一点来说，这些能力是从哪儿来的，一点都不重要。[4] 唯一重要的是如何加以善用。[5] 若把这些能力本身当成一种目的，不论他怎么用，都会妨碍了自己的成长。[6] 那些本领并不能为他证明什么，它不会证明这人“过去”有何成就，也无法证明他对“未来”有特殊感应能力，更不能证明这人拥有上主的“特恩”。[7] 上主是不施小惠的，没有一种能力不是人人具有的。[8] 只有透过怪力乱神的伎俩，它们才“显”得像是一种特异功能。

4. 没有人会用地道的真货去骗人的。[2] 圣灵不可能骗人，因他只可能使用地道而真实的能力。[3] 怪力乱神的把戏对他一无所用。[4] 他的能力也不可能转为怪力乱神的。[5] 然而，不寻常的能力确实具有某种特别诱人的魅力。[6] 圣灵也需要借助这些力量。[7] 小我却把这类力量当成自我炫耀的机会。[8] 于是，力量反而转为他的弱点，这是何等的不幸！[9] 任何能力若不交托给圣灵，就会变成他的致命伤；因为凡是不愿臣服于爱的，就会臣服于恐惧，必会招来可怕的后遗症。

5. 即使是已经舍弃世间物质需求之人，仍然可能被“通灵”能力蒙蔽。[2] 小我的焦点若不投注于物质世界的价值，它的存在便岌岌可危了。[3] 然而，它还可能藏身于“通灵”这类新的诱惑下重整旗鼓，收复失土。[4] 很少人能够识破他自己小我的自卫伎俩，即使它大剌剌地摆在眼前。[5] 只要他心里还有一点自欺的倾向，就很容易上小我的当。[6] 于是，那“能力”不再那么地道或真实了，它的用途也不再那么可靠。[7] 除非当事人能彻底改变他通灵的目的，否则，那只会加深他的蒙蔽，使那种“特异功能”变得更加吉凶难卜；这是不难想见的结果。

6. 每个人所发展出来的每一种能力，都有为善的潜能。[2] 这一点绝无例外。[3] 能力愈不寻常、愈超乎人的预期，它助人的潜力愈大。[4] 救恩需要借助所有的能力，才能帮助圣灵重建世界企图毁灭的东西。[5] 人们过去习惯用“通灵”与邪魔相通，那只会助长小我的势力。[6] 然而，它也可能为圣灵所用，充当传递希望与疗愈的伟大工具。[7] 那些发展出某种“通灵”能力的人，只不过是撤去了他们为自己的心灵所设定的一些限制罢了。[8] 他们一旦滥用这日益自由的力量，去束缚其他人的心灵，就会为自己招来更深的限制与束缚。[9] 圣灵需要这类礼物，凡是能将它完全献给圣灵而不为一己所用的人，心中必会充满基督的感恩，那么基督慧眼中的圣境也就近在咫尺了。

贰拾陆. 我们能够与上主直接相通吗?

1. 我们确实能够与上主直接相通的,因为他与圣子之间原本就没有任何隔阂。[2] 他的觉知存于每个人的记忆里,他的圣言铭刻在每个人的心上。[3] 然而,须先清除真理道上的所有障碍,他的觉知及记忆才可能进入我们的认知领域。[4] 历来有多少人已经悟入此境了?[5] 这就涉及了上主之师的角色。[6] 虽然他们的了悟程度尚未达到那一境界,但他们已经开始与弟兄结合了。[7] 仅凭这一点便足以使他们在世界中脱颖而出。[8] 他们也是靠这一点才能带领弟兄一起摆脱世界的束缚。[9] 仅凭自己,他们发生不了任何作用。[10] 一旦与弟兄结合,上主的大能便已来到他们之中。

2. 已经能与上主直接相通的人,会圆满地忆起自己的终极身份,再也不受世间的种种限制所束缚了。[2] 他们可说是"众师之圣师";虽然他们已无形体可见,我们仍能向他们的形象求助。[3] 他们会在对众生最有益的时刻及场合中出现。[4] 如果以形现身可能会引起惊吓不安,他们就会透过心念传递信息。[5] 任何人向他们祈求,都不会落空的。[6] 他们不会忽略任何一人的需求。[7] 他们深知人类所有的需要,也看得见他们所犯的一切错误,但他们却能视而不见。[8] 上主之师迟早会了解其中道理的。[9] 在这之前,只要上主之师向他们求助,而且唯独向他们的圣名呼求,他们必会倾囊相授,毫不保留。

3. 上主之师偶尔也会有与上主直接契合的短暂经验。[2] 这种经验在世上几乎都难以持久。[3] 也许有人奉献了毕生精力之后,有幸荣获这一经验,而且还能在世上持续相当长的一段时间。[4] 不过,这种案例少之又少,可别把它当成一个可行的目标。[5] 如果真的发生了,就随缘吧![6] 如果没有发生,也一样随缘。[7] 世界上的任何经验,都是虚幻的。[8] 一个人如果能直接且持久地与上主相通,他的肉体生命必然难以维系下去。[9] 只有极少数的圣贤,为了普度众生而舍下自己的身体。[10] 为此,他们需要借助于一群仍在束缚与昏睡中的人,因着这群助手本身的觉醒过程,使得上主天音传扬于世。

4. 因此,不要为生活中的种种束缚而感到沮丧。[2] 你的任务乃是摆脱束缚,而不是逃避束缚。[3] 你必须使用人们能懂的语言,受苦的人才会听到你的声音。[4] 但你必须先搞清楚究竟是什么有待解脱，才堪当人间的救主。[5] 救恩不是一套理论。[6] 你得先看准了问题，再祈求答复，那么当它来临时，你才领受得到。[7] 答复必会如期而至的。[8] 只要你准备好接受救助，你必会得到，你的每个需求都会如愿以偿的。[9] 因此，不要为你尚未修到的境界操心。[10] 上主完全接受你当前的程度，他会在这儿向你伸出欢迎的手臂。[11] 除了这个，你还需要什么？你还能指望什么？

贰拾柒. 何谓死亡?

1. 世间的一切幻相，都是出自死亡这个核心梦境。[2] 把生老病死视为生命的过程，这种观点不是很疯狂吗?[3] 我们以前探讨过这个问题，现在不妨再深入一下。[4] 万物的出生，只是为了死亡，这是世界牢不可破而且一成不变的信念。[5] 它被视为“自然的运作法则”，不容置疑，人们只能接受它为生命的“自然律”。[6] 那种循环、变迁、不定、不可靠、不稳固，循着某种轨迹而盈亏盛衰的过程，都被视为上主的旨意。[7] 没有人敢质问，宅心仁厚的造物主怎么可能有这类旨意?

2. 如果把这样一个宇宙看成是上主的创造，这样的造物主绝对不可能是慈悲的。[2] 有谁会不对这个终将摧毁一切且让万物在失意与绝望中化为尘土的造物主敬而远之?[3] 你的小命系在他的手里，他随时（也许就在今天）都可能毫不留情地捻断这一条维系你生命的悬丝。[4] 也许他会判你缓刑，但你终究在劫难逃。[5] 谁会去爱这种不知慈悲为何物的神明? 因为他彻底否定了生命的真实性。[6] 于是，死亡摇身一变，成了生命的象征。[7] 他一手打造出来的世界如今转为一个战场，充斥着冲突与对立，以致烽火不断。[8] 凡是死亡所到之处，平安便无立足之地了。

3. 死亡象征着“上主可畏”。[2] 这个观念一笔抹杀了上主的爱，人们再也意识不到爱的存在，死亡之念好似挡在太阳前的一块遮阳板。[3] 这个象征的狰狞面目显然无法与上主并存。[4] 它给人的印象就是：上主之子最后必会“安息”于荒土之下，地下的虫蚁迫不及待地前来问候，不费多时就尸骨无存了。[5] 最后连虫蚁也难逃毁灭的定数。[6] 一切有情众生都是如此地为死亡而活。[7] 一物吞噬一物的食物链成了自然界的“生命法则”。[8] 这种神明实在疯狂愚昧至极，如今只有恐惧显得真实无比。

4. 相信可朽之物中有一部分可能逃脱死亡的命运而幸存，这种怪异的信念未必承认一个慈爱的上主，也不会为人重建对神的信心的。[2] 如果死亡有一点真实的话，生命就不可能存在。[3] 因为死亡否定了生命。[4] 然而，生命若有一点真实的话，死亡就被否定掉了。[5] 两者毫无妥协并存的可能。[6] 不是可怕的神明，就是慈爱的上主。[7] 这世界试过上千种方法企图让两者并存，将来还会继续如法炮制。[8] 但上主的教师绝对不会接受任何一种妥协的观点，因为上主是不接受任何妥协的。[9] 他从未创造死亡，因为他不会创造恐惧。[10] 对他而言，两者都是同样的无意义。

5. 死亡的“真实性”深深扎根于“上主之子是一具身体”的信念中。[2] 如果上主真的创造了身体，死亡必然变得真实无比。[3] 而上主便不可能是慈爱之神了。[4] 真实世界与幻相世界两种知见之间的对比，在这一点上显示得再清楚不过了。[5] 如果上主是爱，死亡无异于宣告了“上主已死”。[6] 如今，他的造化在他面前只能战栗不已。[7] 他不再是天父，而是毁灭者。[8] 他不再是造物主，而是复仇者。[9] 他的圣念变得多么恐怖，他的形相多么可怕。[10] 一旦望见他的真实造化，我们必死无疑。

6. 新约有这么一句话：“最后有待克服的大敌即是死亡。”[2] 说得一点都不错！[3] 死亡的观念一去，世界便消失了。[4] 所有的梦境也会跟着这个梦一并结束。[5] 终结一切幻相，乃是救恩的最终目标。[6] 而所有的幻相都是出自死亡。[7] 出自死亡之物，怎么可能会有生命？[8] 出自上主的生命，又怎么可能死亡？[9] 世界一边守着死亡，一边又认为爱是真实的，于是，人间所有的矛盾、妥协以及宗教法术由此而生。它们全属于“失心”(mindless)的怪力乱神之念，既无作用也无意义。[10] 上主永恒如是，他所创造的生命必然也是永恒的。[11] 你难道还看不出，若非如此，表示他有一个相反的势力存在，那么恐惧就会变得像爱一般真实？

7. 上主之师，你的唯一任务可以归结为一句话：不要接受任何带有死亡阴影的妥协观念。[2] 不要相信任何残酷的东西，也不要让攻击蒙蔽了你的真相。[3] 凡是看来会死之物，必然出自妄见而且陷入了幻境。[4] 如今，你的工作就是把幻相带到真相内。[5] 只有在这一件事上，你应该站稳你的脚步，不要被任何变化无常的“现实”蒙蔽。[6] 真相不会来来去去，摇摆不定，更不会消融于死亡之下。[7] 如何才能结束死亡？[8] 结束死亡之道即是：了悟上主之子不仅现在清白无罪，而且永远如此。[9] 仅此而已。[10] 但可别对这“仅此”掉以轻心，它是绝不可少的一环。

贰拾捌. 何谓复活？

1. 简单地说，复活就是克服或超越死亡。[2] 是再度觉醒，或是重生，它显示出心灵已经改变了它对世界的看法。[3] 复活就是接受圣灵对世界存在之目的所作的诠释，它等于是亲自接受了救赎。[4] 它结束了苦难之梦，欣然觉醒于圣灵的最后一梦。[5] 它认出了上主的种种恩赐。[6] 然而，这仍属于梦境的范围，只是在此梦中，身体已能完美地执行它唯一的交流任务了。[7] 复活结束了整个有修有学的阶段，因为这一课等于宣告有修阶段已经圆满而且可以功成身退了。[8] 复活无异于邀请上主迈出他最后的一步。[9] 它一举撤销了所有其他的人生目的、其他的意向、其他的愿望以及所有的操心顾虑。[10] 它是上主之子对天父的唯一渴望。

2. 复活等于否定死亡，肯定生命。[2] 世界整个思维体系从此彻底扭转过来了。[3] 如今生命被奉为救恩，所有的苦难都被视为地狱。[4] 爱不再使人望之却步，反而欣然相迎。[5] 偶像也会销声匿迹，上主的记忆终于畅行无阻地遍照于世界的每一角落。[6] 一切有情生命也都反映出了基督的圣容，没有一物会困守于黑暗而无缘亲炙于宽恕的光明。[7] 世上再也看不到哀伤。[8] 因为天堂的喜乐已经降临人间。

3. 课程到此结束了。[2] 从此以后，你无须任何指示。[3] 你的眼界已经彻底修正，所有的错误也都化解了。[4] 攻击成了无聊之举，平安已经来临。[5] 本课程的目标到此功德圆满。[6] 所有的心念都已远离地狱而回归天堂。[7] 所有的渴望也都得到了满全，你还会有什么遗憾？[8] 最后的这个幻相可说是无远弗届，它宽恕了整个世界，取代了一切攻击。[9] 世界终于脱胎换骨了。[10] 再也没有任何东西会与上主的圣言对立。[11] 也没有一物能与真理分庭抗礼。[12] 如今，真理终于得以降临人间。[13] 它一得到你的邀请，便会迫不及待地前来拥抱这个世界。

4. 一切有情众生都在雀跃的期待中平静下来，因为永恒的时辰已经临近了。[2] 死亡不复存在。[3] 上主之子终于自由了。[4] 恐惧就在他的自由里彻底结束了。[5] 如今大地再也没有任何隐秘的死角来庇护病态的幻相、恐惧的梦境以及错误的宇宙观。[6] 万物会重现于光明之中，经由光明的转化，它们明白了自己存在的目的。

[7] 身为上主儿女的我们，终于由凡尘脱颖而出，亲眼看到了自己的完美无罪。[8] 天堂之颂遍传世界，世界已被举扬到真理之境了。

5. 如今，世间的“分别相”已不复存在。[2] 差异性一旦消失，上主之爱一眼照见了自己的真相。[3] 此外，我们还想看到什么景象？[4] 这慧见岂会留下任何未竟之功？[5] 我们已经目睹了基督的圣容、他的无罪本质，也看到了那藏身于所有形相之后而且超越一切目的之上的圣爱。[6] 我们何其神圣！因为我们就是靠他的神圣本质而重获自由的。[7] 我们接纳了他的神圣生命，那本来就非我们莫属。[8] 我们永永远远都是上主所创造的模样；我们只有一个愿望，就是他的旨意。[9] 代表其他意愿的幻相从此一逝不返，因为你的人生目标终于统一了。

6. 这一切都在等着我们所有的人，然而，我们尚未准备妥当，无法欣然迎接它们的来临。[2] 只要还有一颗心灵困在邪恶的梦里，地狱的观念就会显得真实无比。[3] 为此，上主之师会以唤醒沉睡的心灵为己任，并在他们的梦境里代他们去看基督的圣容。[4] 他们会以祝福来取代谋害之念。[5] 他们放下了自己的判断，交托给真正负有判断天职的“那一位”。[6] 上主的圣子会在他最后的审判中找回自己的真相。[7] 他已得救了，因为他已听到了上主的圣言，而且明白其中的深意。[8] 他已自由了，因为他已接受上主的天音所宣告的真理。[9] 他以前企图置之死地的人，如今与他一起复活了，他们并肩而立，准备好一起觐见他的上主。

贰拾玖. 未尽之言…

1. 《教师指南》无意答复奇迹师生们可能提出的所有问题。[2] 事实上，它只能针对少数几个常见的问题，简要地点出《正文》及《学员练习手册》几个重要概念。[3] 它只是一种补充，无法取代前两部课程。[4] 本文虽然名为《教师指南》，你必须记住，师生的分别只是“闻道有先后”而已，因此从时间的角度来讲，他们的不同只是暂时性的。[5] 有些学生可能先读这部《指南》获益较大。[6] 有些学生可能比较适合由《练习手册》下手。[7] 又有些学生可能需要由比较抽象的《正文》开始。

2. 哪一部课程适合哪一类人？[2] 哪些人只读祷词就能获益良多？[3] 哪些人也许还消化不了太多理念，只需要一个微笑就够了？[4] 我们不该妄自答复这类问题。[5] 上主之师走到这一步，不会不了解其中道理的。[6] 这部课程非常注重因材施教，每一部都有圣灵的特别用意及指示。[7] 向他请教吧！他必会答复你的。[8] 这是他的责任，也只有他能为你负责。[9] 这也是他的任务。[10] 而你的任务则是把问题转交给他。[11] 你难道还想逞强，为自己不甚了解的种种决定负责？[12] 你应庆幸自己有这样一位不可能犯错的圣师。[13] 他的答复永远都是对的。[14] 你能为自己的答复作同样的保证吗？

3. 你若愈常把决定权转让给圣灵，对你愈有利，而且是相当重要的利益。[2] 你也许从未想过这一点，然而，它的关键性不容轻忽。[3] 遵循圣灵的指示，能够帮你消除自己的罪咎。[4] 这是救赎的真谛。[5] 也是本课程的核心。[6] 你想象自己已经篡夺了原本不属于你的任务，这是恐惧的基本原因。[7] 反映在你眼前的整个世界都是证明“你确实干了此事”的幻相，你不可能不心怀恐惧的。[8] 因此，把决定的任务交还给本来就非他莫属的“那一位”，你才可能由恐惧中脱身。[9] 如此，你等于是让爱的记忆重归自己的心灵。[10] 因此，切莫认为你必须遵照圣灵的指示是因为自己的不才或无能。[11] 其实它是带领你出离地狱的善巧方便。

4. 在此，我们再次看到本课程的吊诡说法。[2] 你只要能够说出“光凭自己，我一无所能”，你就能获得一切能力。[3] 然而，这句话的吊诡性只限于文字表面。[4] 上主创造的你本来就拥有一切能力。[5] 你营造出来的自我形象才毫无力量。[6] 圣灵深知你的真相。[7] 但你所营造的形象却一无所知。[8] 然而，不论它多么显然地彻底无知，却喜欢假装自己无所不知，因为是你赋予了它这一信念。[9] 你不只为它以身作则，世上所有的学说都在为这一信念撑腰。[10] 但那位“圣师”深知一切，他不会忘记真相的。[11] 他的决定必会利益一切众生，丝毫没有一点攻击的意味。[12] 因此也不会勾起任何人的罪咎感。

5. 凡是企图行使自己不曾拥有的能力之人，无异于自我欺骗。[2] 然而，愿意接受上主所赐能力之人，等于公开承认自己的造物主，接受了他的礼物。[3] 上主的礼物是无所不能的。[4] 请圣灵为你作决定，不过表示你愿收下自己的合法遗产罢了。[5] 这是否表示，你若未征询他的意见就不该说任何话了？[6] 绝非如此！[7] 那样就太不实际了，本课程最重视的就是可行性。[8] 只要你能培养出“凡事问，随时问”的习惯，你便可放心，智慧必会在你需要之刻降临的。[9] 每天早上都这样准备自己，整天之中尽可能地忆起上主；只要环境许可，随时祈求圣灵的协助，睡前也记得感谢他的指引。[10] 你就会愈来愈笃定而且充满了信心。

6. 不要忘了，圣灵所凭据的不是你的话。[2] 他明白你内心的呼求，且会答复你的。[3] 这是否表示，当你内心起了攻击的冲动时，圣灵也会以恶念来回应你？[4] 绝不会的！[5] 因为上主赋予了他一种能力，会将你的心祷转译成他的语言。[6] 他了解攻击只是求助的呼吁。[7] 他会依此信号而伸出援手。[8] 上主若让你的话来取代他的圣言，那实在太残忍了。[9] 慈爱的父亲岂会让孩子伤害自己，眼看着他自毁前程？[10] 纵然他是咎由自取，他的父亲仍会设法保护他的。[11] 你的天父对圣子之爱远甚于人间的父亲。

7. 请记住，你是他的圆满及他的至爱。[2] 请记住，你的软弱即是他的力量。[3] 不要对这一句话掉以轻心或解读错误了。[4] 他的力量既在你内，那么你自认为的软弱必然只是一个幻觉而已。[5] 他还会给你种种机会证实这一点。[6] 向你的圣师祈求吧！不论你求什么，他都会赐给你的。[7] 不必等到遥远的未来，你此刻就会收到他的礼物。[8] 上主从不等待，因为等待意味着时间的存在，而他超越时间之上。[9] 忘掉你那些愚昧的自我形象、你的脆弱无能、害怕受伤以及危机重重的梦境，还有你蓄意犯下的“恶行”。[10] 上主深知自己的圣子，他永远都是上主所创造的他。[11] 因此，我满怀信心地将你交托到他手里，并且为这一切而代你感谢天恩。

8. 如今，愿你的所言所行蒙受上主的祝福，
[2] 为拯救世界之故，他转身向你求助。
[3] 上主之师，他由衷地向你致谢，
全世界都沉浸于你由他那儿带回的恩典。
[4] 你是他的钟爱之子，
为他所用，成了你的天命，
上主的天音，经由你的善巧而遍传寰宇；
时空的世界，到此告终，
有形可见的一切，在此结束，
无常的万物，彻底化解归无。
[5] 你带来了一个新世界，
眼所未见，耳所未闻，
却是无比的真实。
[6] 你是何等的神圣！
世界借着你的光明，反映出你的神圣光彩；
你从不孤独，在此也不乏弟兄。
[7] 我为你而感谢天恩，
也愿与你共襄盛举，
为了上主之故。
因我知道，
那也是为了我自己，
以及所有与我一同迈向上主的弟兄。

[8] 阿门

词汇解析

导　言

1.　这不是训练哲学思考的课程，故不重视遣词用字的精确性。[2]它唯一关切的只是救赎，也就是修正知见的过程。[3]救赎的途径即是宽恕。[4]它与“个人意识”的结构问题毫不相干，因为“个人意识”所呈现的不过是“原始无明”或是“原罪”的观念。[5]如果你真想修出“罔顾错误”的功夫的话，应知研究错误本身不足以带来修正。[6]而本课程所致力的正是“罔顾错误”的过程。

2.　所有的词汇都有引发争议的可能，喜欢争议的人，不难找到借口。[2]而有意澄清自己观念的人，也会如愿以偿的。[3]然而，他们必须心甘情愿地罔顾那些争议，明白那只是一种抵制真理的反应、存心拖延的伎俩而已。[4]神学性的思考势必引发争议，因为它们是建立于个人信念之上，你若不接受就等于反对它。[5]人间不可能有放诸四海皆准的神学理论的；然而，放诸四海皆准的经验不只是可能，而且是必须的。[6]本课程的目标就是指向这一经验。[7]唯有这种经验才具备了一以贯之的特质，也唯有这种经验能够了结人生所有的不定感。

3.　本课程完全是针对小我的思想架构而写成的，因为只有小我需要这一课程。[2]它所致力的目标并非超越一切错误之上的境界，整部《课程》的设计仅仅是为那境界铺路而已。[3]因此，它使用文字，而文字只有象征的功能，无法传达超越象征之上的境界。[4]只有小我才会提出一堆问题，因为只有小我才有一堆疑惑。[5]问题既然提出了，本课程只是提供另一种答复而已。[6]然而，我们的答复无意标新立异或巧言惑人。[7]这些都属于小我的特质。[8]**本课程十分简单**。[9]它只有一个任务及一个目标。[10]为此，它才能彻底保持一贯性，因为只有如此它才能一以贯之。

4.　小我势必会提出各式各样的问题，本课程却无意作答。[2]因为小我看不出自己只是假冒问题的形式，提出一个不可能有答案的问题而已。[3]小我会问，“这不可能的事怎么发生的？”“这不可能的事又产生了什么后果？”它以各种形式提出类似的问题。[4]这是无法作答的，只能靠体验。[5]把你的精力放在体验上吧！不要再被神学思考耽误了。

5. 你也不难看出，本课程只在开始的时候简要地提了一下结构性的问题。[2] 我们很快就跳过去而进入了中心主题。[3] 既然你要求我澄清一些观念，就让我们讨论一下本课程所用的词汇吧！

壹. 心——灵

1. 心灵（mind，或简称为心）这一词，代表着灵性的运作主体，心灵为灵性提供了创造力。[2] 当这个名词用于上主或基督身上时，会以大写来显示，如“上主之心”（简称为天心），或“基督之心”（简称为基督心）。[3] 灵性（spirit）指的是上主的圣念，是上主按自己的肖像而造出来的。[4] 合一无间的灵性，即是上主的唯一圣子，又称为基督。

2. 因着心灵的分裂，上主儿女在世上活得好似独立的个体。[2] 连他们的心灵也显不出任何相通之处。[3] 只因幻境中人特别热衷于“个人心识”这类概念。[4] 本课程才会把心灵描绘成了好像真有“灵性”与“小我”两部分似的。

3. 灵性那一部分，经由圣灵，仍然与上主声息相通；圣灵虽然只存于这一部分，但仍看得见另一部分。[2] 除了直接引用《圣经》时，我尽量避免使用“灵魂”(soul)一词，因为这个词的用法众说纷纭。[3] 然而，你若了解灵魂是不生不灭的存在，属于上主那一层次，那么，你也可以把灵魂当成“灵性”的同义词。

4. 心灵内还有一部分则是彻底的虚幻，只会制造幻相。[2] 灵性才具有创造的潜能，但在心灵尚未统一以前，它虽代表了上主的旨意，却也壮志难伸。[3] 然而，上主的造化依旧生生不已，丝毫不受干扰，因为那是上主的旨意。[4] 这个旨意始终是统一的，因此它对世界反倒显不出太大的意义。[5] 因为它既无对立，也没有程度之分。

5. 心灵能够是正确的，也能够是错误的，全凭它聆听谁的声音而定。[2] 正见心境(right-mindedness) 聆听的是圣灵之音，它宽恕了世界，能以基督的慧眼在滚滚红尘下认出真实世界。[3] 这是至高的慧见，也是最后一个知见；唯有具足这一条件，上主才能跨出他最后的一步。[4] 于是，时间与幻相到此便一并结束了。

6. 妄见心境(wrong-mindedness)聆听小我的声音，它会营造出种种幻相，着眼于有罪之物，为愤怒找借口，把内疚、疾病以及死亡都视为真实。[2] 这个世界与“真实世界”两者都属于幻境，因为正见之心不过是罔顾或宽恕那些从未真正发生过的事情而已。

[3] 因此，它并不是基督之心那种一体心境(one-mindedness)，基督与上主共具同一个旨意。

7. 在这世界上，只剩下一种自由，就是抉择的自由，而且始终介乎两种选择或两种声音之间。[2] 意志或意愿（will）不属于知见(perception)的层次，也与抉择无关。[3] 人的意识(consciousness)只是一种接收器，它不是由上就是由下，或者说由圣灵或是小我那儿接收信息。[4] 意识具有不同的层次，人的觉知力(awareness)也会瞬息变化，然而不论它怎么变，都无法超越知见的范围。[5] 觉知力只要加以训练，达到巅峰状态时，便能觉于“真实世界”。[6] 正因意识有不同的层次，故能加以逐步训练，这一点也证明了意识是无法契入真知领域的。

贰. 小我——奇迹

1. 幻相是不会持久的。[2] 死亡是它们的必然结局，幻相世界里只有这一点最为肯定。[3] 为此，它必属于小我的世界。[4] 小我是什么？[5] 它是你对自己的真相所做的那个梦罢了。[6] 它是你认定自己与造物主分离的那一念，它是你想要成为非他所造的模样那个愿望而已。[7] 这东西疯狂得很，毫不真实。[8] 它只是无名之物浪得的虚名罢了。[9] 它象征着不可能的存在、没有选择的选择。[10] 我们赋予它一个名字，只是为了帮助我们了解它代表的只是“认为自己所造的一切都是不朽的”那古老的想法而已。[11] 这种念头只可能衍生为一场梦境，而所有的梦境最后都会在死亡中结束。

2. 小我是什么？[2] 就是虚无，外表上却显得真有那么一回事似的。[3] 在形相世界里，你很难否定小我，因为只有它显得最为真实。[4] 然而，上主所创造的圣子岂会栖身于这种形相或是虚有其表的世界？[5] 若有人要求你界定小我，还要你解释它是怎么形成的，这人必然已经认定小我是真实的，他想透过界定的方式，把小我的虚幻本质隐匿在那好似言之成理的文字解说后面。

3. 没有一个谎言能够透过界定的途径而弄假成真的。[2] 也没有一个谎言蒙蔽得了真理。[3] 小我的不实性不是靠文字解说就能否定得了的，它的存在不会因为虚有其表而显出了意义。[4] 有谁能为无法界定之物下定义？[5] 虽说如此，我们仍有一个解决方案。

4. 即使我们无法真正为小我的本质下定义，但我们仍能说出“它不是什么”。[2] 我们不难把这一点看得一清二楚。[3] 我们也是由此归纳出小我的本质的。[4] 只要你敢正视与小我相反的那一面，你就会看见那唯一有意义的答案了。

5. 只要是与小我相反的，不论是从它的起因、作用或后果来看，都可视为奇迹。[2] 我们会在奇迹中找到世间不属于小我的一切。[3] 只有从小我的反面，我们才能看出小我的庐山真面目，看穿小我表面做出的一切以及它的因因果果，其实都是同一回事。

6. 在以往的黑暗之境，我们如今看到了光明。[2] 小我是什么？[3] 就是那片黑暗。[4] 小我在何处？[5] 就在先前黑暗藏身之处。[6] 它如今又成了什么？何处才能找到它？[7] 它什么也不是，也无迹可寻。

[8] 如今光明已经来临，黑暗已经消失得无踪无影。[9] 先前邪恶藏身之处，如今成了圣地。[10] 小我是什么？[11] 就是那邪恶本身。[12] 小我在何处？[13] 就在邪恶的梦里，它只会在你梦里显得真实无比。[14] 过去十字架所在之处，如今立着上主之子。[15] 小我是什么？[16] 还有谁会追究？[17] 小我在何处？[18] 如今，还有谁想追逐这个幻相？因为梦境已经结束了。

7. 奇迹是什么？[2] 也是一个梦而已。[3] 然而，只要你全面正视一下这个梦，你就会疑虑顿消。[4] 踏着温柔的脚步走入展现于你眼前的爱的世界吧！[5] 好好地端详一下这一路上帮助你的人，并为天堂的肯定性以及平安的必然性而欢欣雀跃。[6] 你也不妨临别一瞥身后的世界，你总算能够义无反顾地离它而去了。

8. 小我是什么？它不外乎：冷酷的仇恨，报复的欲望，痛苦的呐喊，死亡的恐惧，杀人的冲动，举目无亲的幻相，一身孑然地活于天地间的自我。[2] 然而，奇迹温柔地修正了你对自己所怀的可怕误解，它好似慈母为爱子吟唱的一首摇篮曲。[3] 这不正是你想要听到的歌声吗？[4] 这不正答复了你想问的一切问题吗？这一答复会使问题本身显得荒诞无稽。

9. 你的问题是没有答案的，因那只是你为了掩盖上主天音而发的噪音；而天音对每一个人只会提出一个问题："你已准备好帮我拯救世界了吗？"[2] 要问就问这个，不要再去问小我究竟是怎么一回事了。你会在小我营造的世界突然看见一片光明笼罩其上。[3] 如今，奇迹毫不保留地呈现在每个人面前。[4] 世界便由你先前认定的妄见中解脱了。[5] 如今，它的真相大白，不带一丝罪罚的阴影，彻底纯洁无染。

10. 奇迹宽恕人；小我诅咒人。[2] 除此之外，它们不需要任何定义了。[3] 没有一个定义能比这个更确然，或是更接近救恩的内涵了。[4] 问题与答案都在这里，两者终于碰头了，你的选择也显而易见。[5] 有谁认出地狱的真相后还会选择地狱？[6] 只要让他明白，余程不远，天堂已在望，谁还会在此流连而踟蹰不前？

叁. 宽恕——基督圣容

1. 宽恕是为了上主，也会带你接近上主，但不是出自上主。[2] 他所创造的一切怎么可能需要宽恕，这是不可思议的事。[3] 因此，宽恕也属于幻相的领域，只因它以圣灵的目的为目的，故能脱颖而出。[4] 宽恕能帮人远离错误，不像其他的幻相反会导致错误。

2. 宽恕也许可以称之为一出喜剧，也可视为帮助不明真相者跨越知见与真理之间的沟距的桥梁。[2] 他们无法直接由知见跳到真知之境，因为他们不认为这是出自自己的意愿。[3] 为此，上主好似成了他们的死对头，使他们无法看清他的真相。[4] 也正是这个神智不清的知见，使他们难以心甘情愿地启程，平平安安地回归上主那儿。

3. 因此，他们需要一种虚拟的救援假相，因为他们是如此的无助；他们需要平安的圣念，因为他们一直活在冲突之中。[2] 上主在圣子开口求助之前，早已知道他的需要。[3] 他不在意人们以何种方式求助，他的旨意只愿他们了解他所给予的内涵。[4] 这就够了。[5] 形式会随着需要而调整，而内涵却是不变的，就像它的造物主那般永恒不易。

4. 你必须先看到基督圣容，上主的记忆才可能回到你心中。[2] 理由很显然。[3] 若要看到基督圣容，必然涉及知见问题。[4] 没有人能直接目睹真知。[5] 基督圣容却成了宽恕最醒目的象征。[6] 这就是救恩。[7] 它象征着真实世界。 [8] 凡是着眼于此境的人，再也看不到世界了。[9] 他离天堂之门的距离不能再近了。[10] 他离天门不过一步之遥。[11] 这是最后的一步。[12] 我们把这一步交托到上主的手中。

5. 宽恕也是一个象征，它象征着上主的旨意，故是无法分割的一体。[2] 正是它反映出来的一体性，彰显了上主的旨意。[3] 它是唯一存在世界之内却能直通天堂彼岸的桥梁。

6. 上主的旨意是一切的究竟。[2] 我们只可能由虚无通向万有，由地狱迈向天堂。[3] 这算得上是一种旅程吗？[4] 不，在真理内它不是，因真理是如如不动的。[5] 唯有幻相才可能由一处移向另一处，由一段时间迈向另一段时间。[6] 那“最后的一步”不过是一种扭转而已。[7] 它既属于知见的领域，故有一部分也非真实的。[8] 然而，这一部分终将隐没。[9]最后只剩下永恒的平安与上主的旨意。

7. 如今，再也没有什么心愿了，因为愿望是会改变的。[2]连你的梦想都有失宠的一天。[3]这是必然的，因为小我永远不可能安心的。[4]上主的旨意，也是上主的恩赐，却永恒不渝。[5]他所给的一切，必然与他自身一样。[6]这便是基督圣容的宗旨所在。[7]它是上主为拯救圣子而给的礼物。[8]一看见这一圣容，你便被宽恕了。

8. 当你看到了反映在那境界的自我真相的那一刻，世界会显得出奇美丽。[2]如今，你不只纯洁无罪，还会亲眼看到自己的无罪本质。[3]如今，你不只是神圣的，还会亲眼看到圣洁的景象。[4]如今，心灵回归它的造物主，天父及圣子终于结合了，合一之境的神圣一体性不只支撑着所有的结合，同时超越了所有的合一境界。[5]上主是无法目睹的，你只能领悟。[6]他的圣子不是让你攻击的，而是要你认出他的真相。

肆. 正见——真知

1. 你眼前的世界只是一个幻相而已。[2] 上主从未创造过这样的世界，因为他的创造必是永恒的，如他自身一般。[3] 然而，你眼前的世界没有一物是永世长存的。[4] 也许有些会比其他东西持久一些。[5] 然而，时辰一到，一切有形之物都有个结束。

2. 因此，肉眼的媒介不足以看见真实世界，它们所着眼的幻相，只会导向更大的幻境。[2] 这才是它们的能耐。[3] 肉眼所见的一切，不只无法久存，还会助长罪与咎的念头。[4] 至于上主所创造的一切，则永远不受罪的污染，故也不受内疚之苦。

3. 真知(knowledge)不是修补妄见(false perception)的药方，因为两者既属于不同的层次，根本没有碰头的可能。[2] 妄见只有一个修正之方，就是正见(true perception)。[3] 正见也非永世长存之物。[4] 但在它存在的那段时间里，它能发挥疗愈之效。[5] 正见这一帖药方，具有多种别名。[6] 宽恕、救恩、救赎、正见，它们全是一回事。[7] 它们源自同一个起点，最后都会归向那超越自身的一体境界。[8] 正见乃是拯救世界脱离罪恶的媒介，因为罪根本就不存在。[9] 而正见所看到的正是这一真相。

4. 这世界有如挡在基督圣容前的一个障碍。[2] 但在正见的眼里，它不过是一张薄弱的面纱，不费吹灰之力就能在瞬间拆除。[3] 世界终于露出它的庐山真面目了。[4] 它只好悄然引退，如今，正见为你清理出一块空间。[5] 基督会在世界消逝之处显示他的圣容；在这一刻，世界被遗忘了，它被卷回虚无的漩涡，也就是它的源头。时间至此永远告终了。

5. 被宽恕的世界也不会存留多久的。[2] 它一度成为身体的家园。[3] 但宽恕的眼光能够超越身体之上。[4] 这正是它神圣之处，也是它的疗愈之功。[5] 身体的世界属于罪的世界，因为只有身体存在时，罪才可能依存其上。[6] 罪一定会孳生内疚，就如宽恕必能撤销内疚一样。[7] 罪咎一旦消失殆尽，那分裂的世界便会顿失所据。[8] 空间也会随着时间一起消逝。[9] 世界是因着身体才显得像真的一样，它既是分裂的，岂能存活于不可能分裂之境？[10] 宽恕证明了这个不可能性，因为宽恕能够视而不见那一切。[11] 你所罔顾之物，对你自然变得不可理解；就像你先前对它的存在那般肯定不疑，是同样的道理。

6. 正见带给人的正是这一转变：过去被投射于外的，如今他都由内看清了，而宽恕就在那儿消除了它的踪影。[2] 他在那儿筑起了一座献给上主之子的祭坛，他会在那儿忆起自己的天父。[3] 在这儿，一切幻相都被带到真相前，安置于祭坛之上。[4] 凡是从外面所看到的问题，宽恕对它爱莫能助，因为它们看起来永远都是罪不可赦。[5] 凡是从外面看到的罪，你对它一定束手无策。[6] 有什么妙方解除得了人的内疚？[7] 但你若愿往自己的心念看去，罪咎与宽恕便在那一刻碰头了，齐身并列于祭坛之上。[8] 疾病与它的唯一解药终于结合于同一个疗愈的光明中。[9] 上主会来认领属于他的人。[10] 宽恕才算功德圆满。

7. 如今，上主那不变、肯定、纯净而且人人能懂的真知，终于回到它自己的国度。[2] 知见，不论是正见或妄见，都已经过去了。[3] 宽恕也过去了，因为它完成了任务。[4] 身体也过去了，消失于那献给上主之子的祭坛的灿烂光明中。[5] 上主知道那是他的真知，也是圣子的真知。[6] 他们就在此结合了，而基督圣容也在此驱散了时间的最后一刻；如今，最后的一个知见终于看清了世界既无存在之因，也无存在的目的。[7] 上主的记忆所至之处，人生旅程便告结束，罪的信念不复存在，没有隔离的围墙与身体，罪咎的阴森魅力亦已不再，死亡自此永远销声匿迹了。

8. 我的弟兄啊！你若知道那平安是怎样庇荫着你，将你安全、纯洁而美好地护守在天心之内，你不可能不奔向他的祭坛，迫不及待地与他团聚的。[2] 你与他的圣名同时受到天地的颂扬，因它们已在此圣地合而为一了。[3] 在此，他俯身将你提升到他那里，由幻境升至神圣之地，由世界升至永恒之境，且将你由一切恐惧中救出，交还到爱那里。

伍. 耶稣——基督

1. 你不需要任何人协助你进入天堂，因为你从未离开天堂一步。[2] 只因你对上主在实相中赋予你的本来面目产生了错误的信念，你才需要外力帮你走出那画地自限的自我形象。[3] 上天赐你的神圣助手，外形有所不同，但在祭坛上，他们其实都是同一个。[4] 每一位神圣助手都出自上主的一个圣念，这是永恒不变的。[5] 他们的名字会因时因地而有所不同；时间本身既非真实之境，故需要借助于有形的象征。[6] 他们的名字虽然众多，我们在此只谈本课程所涉及的名字。[7] 上主本身是不会插手相助的，因为他知道无此需要。[8] 但他为那些仍把幻境当真的圣子造出形形色色的神圣助手。[9] 为他们而感谢上主吧！因为他们乃是领你回家之人。

2. 耶稣之名，是指曾有这样一个人，他在所有弟兄身上看到基督圣容，而忆起了上主。[2] 他一旦与基督认同了，便不再是一个人，而与上主合一了。[3] 这个人本身是个幻相，因他看起来是个独立自主的生命，孑然走在人间，活在一具身体内，那具身体也如所有的幻相一样，将他的自我与自性隔离了。[4] 只有能够目睹种种幻相却仍能与背后的真相认同的人，才具备了拯救的能力。[5] 耶稣得以成为救世主，也因他能看见虚妄，却不会把它当真。[6] 基督需要借用他的形相方能向人显示自己，好将他们由自己的种种幻相中拯救出来。

3. 基督乃是上主的完美之子，他的唯一造化，也是他的喜悦，永远肖似上主且与他一体不分；当耶稣彻底与基督认同后，便成了全人类的生命实相。[2] 他引导你跟随他。[3] 将你领回上主那儿，因为他不只见过此路，还亲身走过。[4] 他已能明辨真假虚实之别，你却仍在懵懵懂懂之中。[5] 他为你做了最后的示范，证明没有人杀害得了上主之子的，连罪孽、邪恶、怨恨、恐惧或死亡也动摇不了他的生命分毫。

4. 你所有的罪就这样得到了宽恕，因为它们起不了任何作用。[2] 它们只是一场梦罢了。[3] 现在就随着这位识途老马一起动身吧！因为你欠他这份恩情，他为驱散你的迷梦而不惜进入梦中。[4] 他至今仍留在你的梦里，等着与你结合。

5. 他是基督吗？[2] 是的，与你一起成了基督。[3] 他在世短暂的生命不足以倾囊传授他为人类学会的伟大课程。[4] 他会继续陪伴着你，将你由自己所营造的地狱领回上主那儿。[5] 你的愿心一旦与他的大愿结合，你的眼光就成了他的慧见，因基督的慧眼原是人类共有的天赋。[6] 与他同行，就像与你一块儿长大的弟兄同行那么自然，因他确实是你的弟兄。[7] 他一心只想做人类的弟兄，却有人把他塑造成某种冷峻无情的偶像。[8] 为你心中对他所怀的幻相而宽恕他吧，你就会看出他原是你多么亲密的弟兄。[9] 因他会让你的心灵安息，将你的心灵连同你一起带回上主那里。

6. 他是上主唯一的神圣助手吗？[2] 绝对不是。[3] 基督会现形于不同的形相与名字之下，直到人们领悟了自己的一体性为止。[4] 然而，对你而言，耶稣是传递基督的唯一信息“上主是爱”的使者。[5] 你不需要其他助手了。[6] 即使是还无法接受他进入自己的生活的人，仍能因着阅读他的教诲而受益的。[7] 不过，你如果想要得到上主的平安而与他分享你的痛苦及喜悦，甚至将它们交托给他的话，耶稣对你的帮助一定更大。[8] 这毕竟是他的“课程”，最重要的是，他要你学会下面的真理：

> [9] 没有死亡这一回事，因为上主之子与天父一样。[10] 不论你做什么，都改变不了永恒的圣爱。[11] 忘却你那充满罪与咎的人生大梦吧，与我一起分享上主之子的复活生命。[12] 偕同他所指派给你且要你像我照顾你那样去照顾的人，一起前来吧！

陆. 圣灵

1. 耶稣乃是圣灵的化身。耶稣升天（或是说他彻底证入基督自性，成为上主创造的圣子）之后，曾经呼求圣灵降临人间。[2] 圣灵，不只是那唯一造物主的一个造化而已，他继续与上主一起创造，他与上主同样的灵性是永恒不朽且千古不易的。[3] 圣经说："他被派遣到世界上来。"意思是如今人们已经可能接受他，且听见他的声音了。[4] 他是代上主发言的天音，因此具有某种形式。[5] 这种形式并非他的实相，只有上主偕同基督（即他的真实之子，也是他的一部分）方知那一实相。

2. 根据整部《课程》的描述，圣灵负责为我们的分裂之境提供对治之道，为我们带来救赎计划，他不只在那计划中为我们指定了一个角色，还清清楚楚地告知我们的任务。[2] 他立耶稣为实现这计划的领袖，因为他是圆满完成自己那一部分任务的第一人。[3] 因此，天上地下的一切权能都赐给了他，当你完成了自己的任务之后，也会享有他的权能。[4] 救赎的原则远在耶稣付诸行动以前就已赐给了圣灵。

3. 本课程把圣灵描述成上主与其分裂儿女之间仅余的交流管道。[2] 为了达成这一特殊任务，圣灵负有双重的任务。[3] 圣灵内有真知（knowledge），因为他是上主的一部分；但他同时具备了世间的知见能力（perception），因为他负有拯救人类的使命。[4] 他就是那伟大的修正原则，为人类带来了正知见，承继了基督慧见的大能。[5] 他是光明，只有透过这一光明，人们才看得见那已被宽恕的世界，只有透过这一光明，人们才能看见基督圣容。[6] 他绝不会忘记造物主及其造化的。[7] 他也不会忘记上主之子。[8] 他绝不会忘记你。[9] 他在永恒的光辉中，为你带来了天父之爱；那光辉永恒不灭，因为是上主亲自将它安置于此的。

4. 圣灵就住在你心内属于基督之心的那一部分。[2] 他同时代表着你的自性与你的造物主，两者其实是同一生命。[3] 他既与两者同体，故能同时为上主及你发言。[4] 因此，也唯有他能证明上主与圣子确实是同一个生命。[5] 他好似一种"声音"，透过那一形式为你说出上主的圣言。[6] 他又如一位领你穿越蛮荒漠土的"向导"，因为你确实需要那种形式的指引。[7] 为了答复你心目中的种种需求，他不惜化身为任何形式。[8]他不会被那些困扰你的子虚乌有的需求所蒙蔽。[9]他就是要帮你由这些需求中解放出来的。[10]他就是要保护你免受这类需求之苦的。

5. 你是他在世的化身。[2]你的一位弟兄正呼求你与他一起充当他的“声音”。[3]他无法独自成为上主之子的神圣助手，因为仅凭自己，他一筹莫展。[4]唯有与你携手，他才能成为世界的光明救世主，他的救赎任务因你而得以圆满。[5]他向你，同时也向他致谢，因为你在他拯救世界之际，与他携手并进。[6]时间结束之后，你就会与他同在；先前随着死亡哀歌而起舞的那个噩梦从此无迹可寻。[7]代之而起的，是上主之颂的袅袅余音。[8]最后，连天音也将消逝，抖落一切形式，终归于那永恒无相的上主之境。

结 语

1. 可别忘了，这旅程一旦展开，结局就已成定数。[2] 一路上，你的疑虑难免此起彼落，周而复始。[3] 然而，结局已定。[4] 没有人会完成不了上主指派给他的任务。[5] 当你忘却自己的任务时，请记住，有他伴你同行，他的圣言已铭刻在你心上。[6] 怀有这希望的人怎么可能绝望？[7] 虽然绝望的幻相仍会不时来袭，但你已学会不受它们的蒙蔽。[8] 每个幻相的背后，就是实相，就是上主。[9] 在幻相的尽头，上主的圣爱只有刹那之隔，你为何还踟蹰不前，继续以幻相取代实相？[10] 结局已定，且有上主亲自作保。[11] 就在一步之遥，至圣圣者为你开启了那道远古之门，领你遗世远飏，还有谁会继续呆立于了无生机的幻相之前？

2. 你在此是异乡的过客。[2] 但你原是上主的家人，他爱你之深如同他爱自己。[3] 让我帮你推开古墓的石板吧！这原是上主的旨意。[4] 我们已经步上这一旅程。[5] 始自远古，结局就已写在星辰上了，挂在光明灿烂的重天之上，它永存不朽，万古常新。[6] 它至今犹存，既未改变，也不会改变，且永不改变。

3. 不要害怕。[2] 我们只是再度踏上这段漂泊已久的远古旅程，虽然感觉上好像是头一遭。[3] 我们再度迈上以前一起走过却一度迷失的路。[4] 如今，让我们重新开始。[5] 这个新开始会给你前所未有的肯定感与明确感。[6] 向上仰望吧！瞻仰他写在星辰上的圣言，他已将你的名字与他的铭刻在一起了。[7] 向上仰望吧！你会找到你生命的定数，那才是世界一直隐瞒着你而上主却愿你亲眼目睹的结局。

4. 让我们在此静静地等待，屈膝片刻，向那召唤我们且帮我们听见召唤的“那一位”，表达我们的感恩。[2] 然后我们就起身，满怀信心地向他迈进。[3] 如今，我们相当肯定自己并非独自走在人间的路上。[4] 我们有上主同行，还有与他同在的所有弟兄。[5] 如今，我们知道，我们再也不会迷路了。[6] 歌声再度扬起，听来犹如一首绝响，其实这首天堂之歌不过沉寂了片刻而已。[7] 我们在此开始的一切，会生出更多的生命、力量与希望，直到世界能够静止片刻，忘却整个罪咎之梦的沧桑。

5. 让我们一起走出去，迎向新生的世界，深知基督已在世间重生了，而这重生的神圣生命将亘古常存。[2] 我们一度迷失过，但他已将我们觅回。[3] 让我们一起迎接他回到我们这儿来，庆祝救恩的来临，也庆祝我们自以为打造出来的那个世界终于结束了。[4] 在这崭新的一天，晓明之星照在焕然一新的世界上，它向上主伸出欢迎的手，圣子终于与他团圆了。[5] 他感谢我们使他重归圆满，我们对他也怀着同样的感谢。[6] 上主之子进入了寂静，怀着天赐的安宁，步入自己的家门；他的心，终于平安了。

奇迹课程　补编

心理治疗

目的、过程与行业

颂祷

祈祷、宽恕与疗愈

心 灵 平 安 基 金 会

《心理治疗：目的、过程与行业》、《颂祷：祈祷、宽恕与疗愈》，这两篇文章与《奇迹课程》同出一源，乃是海伦·舒曼博士晚年的秘传资料，根据奇迹理念延伸而出的补充教材。

《心理治疗》一文，始于一九七三年，成于一九七五年，内容将整部课程的“疗愈观”浓缩于一个原则：两个人结合于同一福祉或目标下。此文外观上好似针对心理治疗师而作，其内涵却足以嘉惠各行各业的读者。

《颂祷》是海伦博士一九七七年的秘传笔录，分别以三章篇幅画龙点睛地重述了《奇迹课程》“祈祷”、“宽恕”与“疗愈”三个基本概念，先解说小我对这三个概念的妄见，随后逐一提出圣灵的正见，为读者提供一个清晰的对比。为此，读者必须先对奇迹理念有一整体的认识，这两篇文章才能发挥协助他们研读与操练《奇迹课程》之效。

心理治疗

目的、过程与行业

奇迹原理的延伸教材

心 灵 平 安 基 金 会

目　录

心理治疗—目的、过程与行业

导　言

1. 治疗只有一种，那就是心理治疗。[2] 因为只有心才会生病，故只有心才有疗愈的可能。[3] 也唯有心灵有待治疗。[4] 由现实层面看来，好似并非如此，因为世界所呈现的外在证据显得真实无比。[5] 为此，人们才需要心理治疗来帮他反问那些表面证据的真实性。[6] 有时，他无须任何专业的协助，也能逐渐开启自己的心灵；即使如此，他仍须改变自己对人际关系的看法，心灵才可能真正的开放。[7] 有时，他得借助一些专业人士，需要与心理治疗师建立比较长期且固定的辅导关系。[8] 不论哪一种途径，目标都是一样的，就是帮助病患改变他把幻相当真的心态。

壹. 心理治疗的目的

1. 心理治疗的目的，简言之，就是撤除挡在真相前面的种种障碍。[2] 其宗旨是为了帮助病患放弃执迷不悟的错觉妄想，开始看出自己的思维逻辑是多么虚妄不实。[3] 世上没有一人不受恐惧的侵袭，但每个人都能够重新反省它真正的起因，学习正确的评估方式。[4] 上主已将那位“圣师”赐给了每一个人，他的智慧与助力远超过世间任何治疗师之力所能及。[5] 然而，在某些时空环境下，上主也能借助于世间治疗师与病患的关系，把他可贵的礼物送到双方手里。

2. 人间哪一种关系能与“邀请圣灵加入而得享他至高的喜悦”相媲美？[2] 有哪一种目标会比“学习呼求上主且听到他的答复”更高超？[3] 世上可有任何理想会比“呼求身为‘道路、真理及生命’的那一位而忆起上主”更为殊胜？[4] 这些境界原是心理治疗的本分。[5] 人间还有什么比这更神圣的工作？[6] 只要解读正确，心理治疗其实就是教人宽恕，帮助病患认识宽恕而且接受宽恕。[7] 心理治疗师则会在病患获愈的同时，感到自己也获得了宽恕。

3. 凡是有待救助之人，不论他陷于哪一种困境，追根究底，都不外乎因自我打击而失落了心灵的平安。[2] 心理治疗称之为“自我毁灭”的倾向，病患常为这种冲动所苦。[3] 他丝毫看不出，这能够攻击别人也会受人攻击的“自我”其实只是他自己营造出来的一个概念罢了；这也成了他亟须学习的课程。[4] 难的是，他对这个自我概念百般怜惜，处处护卫，甚至不惜为它“牺牲”自己的“生命”。[5] 因他已把这自我当成了自己。[6] 他感到这个自我终日为外在的要求疲于奔命，被世界压得欲振乏力。

4. 因此，心理治疗必须唤醒他的觉知力，重建他的抉择力。[2] 而他也必须愿意改变自己的想法才行；他需要认清，自己原先视为外界硬加在他身上的种种报应，其实是他加于世界的种种投射。[3] 所以他眼前所见的那个世界其实并不存在。[4] 病患最起码得接受这一观念，否则他不可能承认自己还有选择的自由。[5] 他会抵制这一自由，把它当成一种另类的奴役。

5. 病患无须把真理当做至高神明，他仍能在救恩道上有所进步。[2] 他至少需要学会分辨真相与幻相之别，认出两者不同之处，而且也愈来愈愿意正视幻相的虚妄，而接受真相的真实性。[3] 当他准备好接受时，他的内在圣师便会领他更上一层楼。[4] 心理治疗只能为他节省时间。[5] 圣灵会按他认为最好的方式发挥时间的妙用，且从不失误。[6] 在他的指导下，心理治疗成了他帮人节省时间的一种善巧方便，还能为他的救恩大业培养出更多的教师。[7] 不论这些教师以什么方式助人，只要是由圣灵主导而且遵循他的指示，功效必然不可限量。[8] 不论他采取哪一种途径，所有心理治疗最终都殊途同归地指向上主。[9] 最后那一步操之于他。[10] 其实我们全是他的心理治疗师，因为他愿我们一起在他内获得疗愈。

贰. 心理治疗的过程

前 言

1. 心理治疗乃是改变自我观念的一个过程。[2] 这“新”的自我，最多只能算是一种比较宽容的自我概念；我们不可能期待心理治疗帮人打造出一个真实的我来。[3] 那不是它的任务。[4] 只要能为那真实的我铺路，它便已善尽了任务。[5] 它的任务，究竟说来，不外乎帮助病患化解基本的错误，就是相信“发怒能帮他达到目的”以及“为了保护自己，他可以理直气壮地攻击别人”。[6] 他对这些信念的错误程度体会得多深，他真正得救的程度就有多深。

2. 病患开始接受一种治疗关系时，内心未必怀有上述的目标。[2] 反之，那些观念对他们来讲并没有太大的意义，否则他们根本无须治疗了。[3] 他们一心只想保持原有的自我概念，却又窃望逃避，但愿自己不必承受它的苦果。[4] 他们相信这是可能的事，借此疯狂的信念让自己安心一点。[5] 然而，只要神智还有几分清明，就知道那分明是不可能的，最后不能不求助于怪力乱神。[6] 在幻相世界里，把不可能的事变得可能，并非难事；只是他必须付出“把幻相弄假成真”的代价。[7] 病患显然已经为此付出了代价。[8] 如今他只能寄望于“好一点”的幻相了。

3. 因此，刚开始治疗时，病患与心理治疗师各怀鬼胎。[2] 两人可能各自执著于虚妄的自我概念，他们对于“进步”的看法也大相径庭。[3] 病患希望学到的是：怎样才能无须大幅度地改变原有的自我概念，就能获得预期的改善。[4] 他甚至设法巩固原有的自我概念，好让心理治疗充分发挥他心目中的神奇功效。[5] 他企图把原本不堪一击之物改造成百害不侵的，把有限之物变成无限的。[6] 他把自我奉为一尊神明，死心塌地为它奉献一生。

4. 不论心理治疗师用心多么诚恳，他必然也想把病患的自我概念改造成他自己相信的某种形式。[2] 心理治疗的任务之一即是不断调整他们在观念上的差异。[3] 但愿双方能够慢慢放下原有的目标，因为他们只能由这层互动关系中寻回自己的救恩。[4] 治疗的初期，病患与治疗师难免会怀有一些不切实际的目标，不可能完全摆脱得了异想天开（怪力乱神式）的心态。[5] 然而，终有一天，他们会放下这类不实幻想的。

一. 心理治疗的限度

1. 很少心理治疗能够达成理想的结果。[2] 明白“疗愈属于心灵的层次”，是一切治疗的起点；只有相信这一点的人才会接受心理治疗。[3] 他们受益的程度也可能仅限于此，因为没有人能够学到他们还没有准备好接受的事。[4] 然而，接受的程度会逐渐改变的，只要治疗师或病患再往前推进一步，新的需求将促使他们发展出新的关系。[5] 他们也许会再度相聚，继续这一关系，圣化这一关系。[6] 他们也可能分道扬镳，找到新的治疗关系。[7] 我敢保证，这对他们双方仍是一种进步。[8] 表面的停滞只是过渡现象。[9] 整体来讲，它仍然朝着真相迈进。

2. 心理治疗本身没有创造的能力。[2] 小我心中常有个错误观念，以为心理治疗能带给它真实的转变，因此具有真正的创造力。[3] 这与我们先前所提的“得救的幻相”或“最后的一梦”是两回事，小我却以它们作为最后一道防线。[4] 小我一向以“抵制”的心态面对问题，它甚至把“抵制”诠释为一种进步与成长。[5] 这种诠释必会构成曲解，因它根本是一种自欺的幻觉。[6] 小我追求的并非真实的改变。[7] 它所追求的其实是更深的阴影，一种海市蜃楼。[8] 凡是出自虚无之物，不可能具有新意或与众不同的。[9] 幻相就是幻相，真相就是真相。

3. 上述的抵制心态，可说是道出了治疗师与病患共有的心理特质。[2] 不论哪一方怀此心态，都会限制了心理治疗的效果，因为它已经画地自限了。[3] 小我若在治疗过程中搅局，连圣灵都只能徒呼负负。[4] 但是，他会等待，而他的耐心是无限的。[5] 他的目标一向坚贞不二。[6] 不论病患与治疗师如何为彼此分歧的目标找出妥协的办法，永远不可能完全调和一致的，除非双方能够结合于圣灵的目标之下。[7] 唯有如此，冲突才会消失，因为唯有如此，心中才会笃定下来。

4. 最理想的心理治疗是由无数的“神圣会晤”串联而成的：弟兄们萍水相逢，彼此祝福，一起领受上主的平安。[2] 世上所有的“病患”迟早都会经历这一神圣会晤的，因为只要来到这世界的人，哪一个不是有待治疗的病人？[3] 治疗师只是比较专业的上主之师罢了。[4] 他从教中不断学习；愈资深的老师，教的就愈多，学的也愈多。[5] 但不论他的心态达到哪种境界，总会有与他心态相应的病患需要他的协助。[6] 那些人也只消化得了他目前所能给的协助。[7] 直到他们双方的神智都恢复正常为止。

二. 宗教在心理治疗所扮演的角色

1. 成为上主之师，并不需要成为宗教人士，甚至无须显示他对神的信仰。[2] 唯一的条件只是他必须教导宽恕而不定人之罪。[3] 即使在这方面，也没有人会要求他做到言行一致或表里如一；他若已达此境界，无须片言只字就能在弹指之间圆满地传布救恩了。[4] 已经修完人生课程者，不再需要老师；已经疗愈之人，也无须借助于治疗师。[5] 圣灵始终以人际关系作为自己的神圣道场，这些关系终有一天会恢复完美而回归永恒的。

2. 形式化的宗教组织在心理治疗中没有存在的必要，心理治疗在宗教里其实也没有真正的地位。[2] 这个世界有一种令人费解的倾向，总喜欢把互相矛盾的字连成一个词，却看不出其间的矛盾。[3] 企图把宗教形式化，充分显示出小我的居心叵测，想让水火不容之物妥协并存，我们无须为此耗费笔墨。[4] 宗教属于一种经验，心理治疗也是一种经验。[5] 到最高层次时，它们一体相通。[6] 它们虽仍不属于真理层次，却有导向真理的功能。[7] 若要找回真相，显而易见的，除了撤除那些好似妨碍你觉于真相的障碍以外，还有什么更直截了当的方法？

3. 凡是学会宽恕的人，不可能不忆起上主的。[2] 因此，只须教人宽恕就够了，那是唯一有待学习的课程。[3] 任何妨碍人忆起上主的障碍，都象征着你不宽恕的心态，绝无例外。[4] 病患很难看出它背后的隐衷，只有少数的心理治疗师能看清这一心态。[5] 世界沆瀣一气而且“众志成城”地抵制这一觉知，因为它等于否定了世界以及世间的一切价值。

4. 然而，帮人觉于上主的临在，并非心理治疗的本分。[2] 它要等到心理治疗功成身退时才会现身；因为宽恕所至之处，真理必会现身。[3] 如果心理治疗要靠相信上主存在才有疗效的话，那就太不公平了。[4] 何况“相信上主”的概念其实没有什么意义，因上主只可能被“觉”或被“悟”，而那属于真知的领域。[5] “相信”反射出“不信”的可能；然而，在上主的真知内，这种对立是不存在的。[6] 不"知"上主就等于没有"觉悟"，所有不宽恕之举都会将人导向这不"知"不"觉"之境。[7] 缺了真知，人们只好退而求助于信仰了。

5. 不同的教义会吸引不同的人。[2] 某些宗教与真神境界根本扯不上任何关系；同样的，有些心理治疗与真正的疗愈宗旨也常背道而驰。[3] 然而，只要学生与老师同心协力致力于同一目标，就等于邀请上主来临，他也必会加入他们的关系的。[4] 同理，只要病患与治疗师结合于同一目的下，上主的临在一定也会逐渐出现于治疗过程的，它得先借助基督的慧见，才能唤醒"上主的记忆"。[5] 心理治疗原本就是一段帮人恢复正常心智的过程。[6] 教师与学生，治疗师与病患会来到这一世界，表示他们的神智已经失常了。[7] 他们必须携手并进，才可能找到出路，因为没有人能够独自恢复正常的。

6. 如果疗愈象征着你已邀请上主进入他的国度，不论这邀请函是怎么写的，又有何差别？[2] 用什么纸，什么墨水，或什么笔，又有何关系？[3] 甚至这邀请函是谁发出的，又有何影响？[4] 有心重建上主世界的人，表示他们已经知道如何向他求助了，上主必会欣然而至。[5] 只要有两个人有志一同，他必会来到他们中间。[6] 不论他们的目的何在，唯有同心协力，才有成功的可能。[7] 只要是能与人共享的目标，不可能不蒙受基督的祝福；只要是他的慧眼视而不见之物，必然支离破碎而且毫无意义。

7. 真实的宗教才有疗愈的能力；那么，地道的心理治疗便不可能不带有一些宗教意味。[2] 然而，两者都会化身为种种不同的形式，因为没有一位明师会以同一种方法来调教所有学生的。[3] 反之，他会耐心地聆听每个学生，让他自行决定课程的形式，但不是课程的目标，而是怎样最能让他达到自己预设的目标。[4] 老师在教的过程中也许根本不提上主的名字。[5] 心理治疗师也很可能意识不到疗愈之力其实来自上主。[6] 他们的贡献却可能超过那些自以为找到真神的人。

8. 教师必须做什么，才能真正学到东西？[2] 心理治疗师必须做什么，才能带来真正的疗愈？[3] 只有一件事，那也是救恩对每个人的唯一要求。[4] 每个人必须与另一位致力于同一目标；唯有如此，他才可能放下私人的利害考量。[5] 唯有如此，他才可能超越小我加于自身的狭隘限定。[6] 唯有如此，教师与学生、治疗师与病患、你与我才可能接受救赎，并且学会给出自己所领受的礼物。

9. 交流不可能是单方面的。[2] 凡是与弟兄划清界线的人不可能获得基督的慧见。[3] 即使这礼物早已赐给了他，他却无法伸手接受。[4] 愿他静下心来，认清弟兄的需求原是他自己的需求。[5] 也愿他回应弟兄的需求一如答复自己的需求，并看出那是同一需求，而且确实如此。[6] 宗教究竟为了什么？不就是为了帮人看出这一真相吗？[7] 心理治疗究竟为了什么？不就是为了将人带入同一方向吗？[8] 同一目标同化了这两种过程；同一心志也会使得两个方法如出一辙。

三. 心理治疗师的角色

1. 心理治疗师可说是一位领路人，他走在病患稍前几步，能够预见路上的一些障碍而协助病患避开那些陷阱。[2] 他若也能成为一位追随者，那就更理想了，因为他前面也有一位"导师"为他照亮前程。[3] 若非这位"导师"的带领，他们两人只是瞎子摸路，不知何往，也不知所终。[4] 然而，只要他们以疗愈为志，那位内在导师是不可能全然缺席的。[5] 但你很可能认不出他来。[6] 不论你目前所能领受的光明多么微弱，也足以照亮你追求真理的道路了。

2. 疗愈之效不只受限于心理治疗师本人的限度，同样受限于病患自己的限度。[2] 因此，整个疗愈过程的宗旨就是超越这些限制。[3] 没有人能独自完成这一目标的，唯有同心协力，才能发挥他们的潜能而超越这些限制。[4] 如今，他们进步的快慢全凭双方愿意发挥多少潜能而定。[5] 在治疗的初始阶段，可能只有一方怀有这种意愿；等到另一方加入，这一愿心便会茁壮起来。[6] 因此，治疗的进度在于个人的决定；它可能直达天庭，也可能离地狱只有数步之隔。

3. 表面看来，心理治疗也有失败的可能。[2] 治疗的结果可能每况愈下。[3] 但到头来，总会带来一些益处的。[4] 一方发出求助的呼吁，另一方接收到了，且伸出援手，予以回应。[5] 这完全符合救恩的程式，因此不会没有疗效的。[6] 只有分歧的目标才会阻挠完美的疗愈。[7] 治疗师若彻底放下小我，无须借助于只言片语，仅凭他的临在便足以疗愈整个世界了。[8] 即使人们无法看到他，无缘与他晤谈，甚至根本不知道有这么一个人存在。[9] 他单纯的“临在”便足以带给人们疗愈之效了。

4.　　理想的心理治疗师与基督必然是一体相通的。[2] 但疗愈需要过程，并非一个单一事件。[3] 若不是病患的出现，治疗师不可能进步，而病患也无从接受基督自性（否则他就不会沦为“病患”了）。[4] 因此，我们不妨这样说，已经全然舍弃小我的治疗师好比是立于整个疗程终点的一个无形象征，他的修持如此高超，再也不会把疾病当真；他又如此接近上主，再也难以将世界视为真实了。[5] 如今，他借由那群求助者向世界伸出了援手，展开了他的救恩计划。[6] 于是，心理治疗师成了他病患的病患，借着协助其他病患，传递了自己由基督天心所领受的圣念。

四. 罹病的过程

1.　　既然所有的治疗都属于心理治疗，那么我们可以说，所有的疾病都是一种心病。[2] 它代表了一种对上主之子的判断，这判断出自心理的运作。[3] 而这种判断又是一种决定，出自上主之子再三与造化及造物主作对的选择，[4] 决心把宇宙看成自己想要的模样。[5] 这一决定使他认定真理会说谎，故真理变得与谎言无异。[6] 而疾病不过表达出人心的哀伤与罪咎罢了。[7] 有谁能不为自己所失落的纯洁本性而哭泣？

2.　　上主之子一旦被视为有罪之身，疾病便势所不免。[2] 它会应人心之请而来，如影随形。[3] 凡是招请疾病上门的人，就会中邪似的四处追逐无效的解药，因为他们的信心全置于疾病之上，而非救恩本身。[4] 只要改变自己对疾病的看法，不可能没有疗效的，因外在所有的问题不过是过去的决定所留下的阴影。[5] 决定一旦改变，它的阴影怎么可能不随之转变？[6] 疾病也是罪咎的一道阴影而已，它既然属于一种畸形，怎么可能不显得怪诞丑陋？[7] 你一旦把这个怪物当真，它的阴影怎么可能不更加畸形？

3.　　当人决定把罪咎当真以后，他便别无选择，只好一步一步走向地狱。[2] 于是，疾病、死亡与痛苦犹如无情的浪涛，在人间肆虐，它们有时联袂而至，有时前仆后继。[3] 然而，这一切不论看起来多么真实，其实全是幻相。[4] 只要明白了这一点，谁还会把信心放在它们身上？[5] 但在真相大白以前，又有谁能不相信它们？[6] 疗愈是一种治疗，或是一种修正，我们已经说过，不妨再说一遍：所有的治疗都是心理治疗。[7] 所谓疗愈病患，不过是让他们明白这个道理而已。

4. 当今一些心理治疗的泰斗，已经开始避免使用“治愈”(cure) 这个字眼是有道理的。[2] 因为他们没有“治愈”的能力，他们其实根本不了解疗愈的真谛。[3] 更糟的是，这工作还很可能加强了身体在他们心里的真实性；于是，他们只好借助怪力乱神之念去疗愈心灵所引发的疾病。[4] 这种治疗方式怎么可能“治愈”任何人？[5] 它从头到尾有如一场荒谬的闹剧。[6] 开始走错一步，以后只好依样画葫芦。[7] 这种治疗等于是把上主视为邪魔，只能在邪恶之物中看见他的踪影。[8] 这种治疗方式怎么可能有爱？[9] 它怎么“治愈”得了任何疾病？[10] 这两个问题不是同一回事吗？

5. 在最好的情况下，世间的“治疗师”会开始反问“治愈”的意义，认出心灵才是疾病之源。[2] 但他们仍犯了一个基本错误，即相信心灵能“治愈”自己。[3] 这一信念在接受“错误有程度之分”的世界里不乏拥护者。[4] 那种“治愈”必然只有一时之效，其他疾病很快就会起而代之；因为人们在了解爱的真谛以前，是克服不了死亡的。[5] 若非上主圣言的启发，谁能了解这一道理？而上主已将此圣言托付圣灵而转赠于你了。

6. 所有的疾病都可以界定为这种自我概念所引发的后遗症，它视自己软弱无能、不堪一击、邪恶无情、草木皆兵，因此随时需要自卫。[2] 如果自我真是如此的货色，不论怎么保护，都会感到爱莫能助的。[3] 因而不得不求助于怪力乱神来防卫自我。[4] 这些防卫措施一边得克服自己心目中认定的种种限制，一边还得打造出一个新的自我概念，才能防止旧有的自我概念死灰复燃。[5] 总之，他一旦把错误当真了，从此便不能不求助于幻觉。[6] 真相便这样被带入了幻相，实相反倒成了一种威胁，甚至被视为邪恶。[7] 人们开始害怕爱，因为爱代表了实相。[8] 这个没有出路的恶性循环就这样拦截了救恩的“侵袭”。

7. 因此，疾病只是一个有待修正的错误而已。[2] 我们先前强调过，我们不能先接受错误的“正当性”，然后再对它故意视而不见，这样是不会带来任何修正效果的。[3] 疾病若是真实的，你就不能视若无睹，因为只有精神错乱的人才会视而不见发生在眼前的事情。[4] 这正是怪力乱神的用意所在，误导你的知觉能力，而把幻相弄假成真。[5] 这是不可能疗愈任何疾病的，因它与真相背道而驰。[6] 它也许能用某种健康的幻相暂时取代眼前的疾病，但都为时不久。[7] 恐惧不可能永远藏身于幻相背后，因为它本身就是幻相的一部分。[8] 它既是幻相之源，迟早会挣脱你的控制，改头换面，卷土重来的。

8. 疾病属于神智失常的状态，因为所有的疾病都是心病，没有程度之别。[2] 把疾病当真的幻觉之一就是相信疾病有轻重之分，它所构成的威胁也因疾病的种类而有大小之别。[3] 这是一切错误的渊薮；所有的疾病都是一种不得已的妥协，甘愿承受这一点地狱之苦。[4] 这简直是对真理实相的侮辱，对上主而言永远是不可思议的事。[5] 但是神智失常的人对此坚信不疑，因为他们早已神智失常了。

9. 疯狂的人必会为自己的幻觉辩护，因为那些幻觉对他们已成了一种救恩。[2] 因此，他会攻击任何企图将他由幻觉中救拔出来的人，认为对方侵犯了他。[3] “攻击－防卫”这种怪异的循环，是心理治疗师最难处理也必须处理的问题。[4] 事实上，这是他的重点任务，也是心理治疗的核心。[5] 病患会认为治疗师侵犯了自己珍爱之物，那宝贝就是病患的自我形象。[6] 由于这副形象已成了病患心目中的避风港，他必会把心理治疗师视为切身的威胁，随时加以反击，甚至不惜将他灭口。

10. 因此，心理治疗师的任务艰巨。[2] 他必须以不还击来回应病患的攻击，也就是放下自己的防卫措施。[3] 他有责任向病患示范，防卫是不必要的措施，不设防才是真正的力量。[4] 如果他自己想学到“神智清明才是真正的保障”这一课，他必须教人明白其中的道理。[5] 我们必须再次强调，神智失常的人必然认定“正常”比“疯狂”更为可怕。[6] 这是由“原罪”衍生出来的逻辑，它不仅相信罪咎的真实性，而且视之为天经地义之事。[7] 因此，心理治疗师的任务就是教病患看出罪咎的虚妄不实，不足以置信，[8] 也不会带给人任何保障。[9] 治疗师必须帮病患看出罪咎既不真实又不足取。

11. 救恩的唯一信条，也是所有心理治疗的目标。[2] 就是帮助神智失常的心灵卸下它不胜负荷的罪咎，疗愈工作便完成了。[3] 身体不是被“治愈”的。[4] 你只是认清了身体是怎么一回事。[5] 一旦看清这一点，你就不难了解身体的存在目的了。[6] 那么谁还会想要生病？[7] 只要作出这一改变，一切就会随之而改变的。[8] 你无须经历复杂的转变过程。[9] 你无须冗长的心理分析，或四处访贤问道。[10] 真理其实非常单纯，它千古不变，万世不移。

五. 疗愈的过程

1. 真理虽然非常单纯，然而，对于已经迷失在错综复杂的迷宫里的人，却成了他亟须学习的课程。[2] 人生是个大幻相。[3] 这幻相大得令人不得不相信，自己必须掌控住那不可知的一切才有安全可言。[4] 这一诡异信念假定了几个前提，全都隐藏于潜意识之下。[5] 首先，它让人相信，他必须战胜某些势力，才有存活的机会。[6] 接下来，它又让人相信，若要控制那些势力，似乎只有一计可施，就是膨胀自我意识，将自己的真实感受隐藏于暗处，而设法把那些幻相供在明处。

2. 请记住，向我们求助的人，心中常怀着难以言喻的恐慌。[2] 他们认为有益的事，其实对自己有害而无益；他们认定有害之物，对他们反倒有益而无害。[3] 除非治疗师能说服病患逆转他对世界以及自己的曲解，否则心理治疗不可能有任何进展的。[4] 真理非常单纯。[5] 然而，对那些饱受真相威胁的人，这正是他们必修的课程。[6] 至于那些深感威胁而发动攻击的人，最需要学的就是“不设防”，这一课会帮他们找到真实的力量。

3. 完美而理想的世界才会有完美而理想的心理治疗。[2] 然而，世界果真如此理想的话，心理治疗也就英雄无用武之地了。[3] 说到理想的教诲，我们应知，完美的教师是不可能久留人世的；完美的心理治疗师也只是那“不可思议”之念的灵光一现而已。[4] 但我们在能力所及的范围内，仍然可以谈谈如何帮助神智失常的人。[5] 只要他们还有病，我们就能够帮助，也必须帮助他们。[6] 这是我们对心理治疗师的唯一要求；只要他尽力而为，就不愧治疗师之名了。[7] 因为上主亲自把他的弟兄托付给他，让弟兄成为帮他由世界解脱的“救世主”。

4. 疗愈是神圣的。[2] 世上没有比向求助者伸出援手更神圣的事了。[3] 这一努力必会拉近双方与上主的距离，不论他的意向多么有限，多么缺乏诚意。[4] 只要两人为了疗愈而同心协力，上主就会临在他们中间。[5] 他保证会在真理内聆听且予以答复的。[6] 他们可以放心，上主会亲自指导疗愈的进行，因为那是出自他的旨意。[7] 当我们试着帮助弟兄时，他的圣言必会指引迷津。[8] 愿我们别忘了，凭自己之力，我们一无所能；我们必须仰赖他的大能，越过自己短浅的目光，才会明白自己究竟该教什么与该学什么。

5. 每个求助的弟兄所带给我们的恩赐之大，绝对超乎我们的想象。[2] 他来此世，即是为了带给我们救恩，为我们扮演基督与救世主的角色。[3] 他的要求其实就是上主借着他而向我们提出的要求。[4] 我们为他做的任何事情，也成了我们献给上主的礼物。[5] 上主的圣子在他误以为的困境里所发出的神圣求助，只有他的天父才能答复。[6] 然而，上主需要某个声音为他说出自己的圣言，他需要借助某人的援手，去触动圣子的心灵。[7] 在这一过程中，怎么可能有人得不到疗愈？[8] 这神圣的互动本身就是上主的救恩计划，也成了上主之子得救的途径。

6. 因为他们两个人已经结合了。[2] 上主终于实现了他的许诺。[3] 病患与治疗师自身的限制再也影响不了大局，疗愈已经开始发生作用。[4] 然而，他们必须先起一个头，天父才能接手完成。[5] 他只要求一个小小的愿心，最起码的一步，他们只须以最轻的声音说出他的圣名。[6] 不论他们以哪一种方式求助，一定都是向上主求助。[7] 而他也会透过一位最能帮助上主之子当前处境的心理治疗师代他答复。[8] 即使那答复看起来一点都不像天赐的礼物，[9] 甚至可能弄巧成拙。[10] 然而，愿我们不再根据外在的结果而妄加判断。

7. 上主所赐的一切礼物，一定会在某处发生效用的。[2] 人间没有一刻努力是白费的。[3] 也没有人要求我们的疗愈动机必须完美无瑕。[4] 如果我们认为某人需要疗愈，就表示我们已被蒙蔽了。[5] 我们才需要那位好似与我们一样在做生病之梦的人，帮助我们看清真相。[6] 因此，让我们来帮忙宽恕他诅咒自己的莫须有之罪名吧！[7] 他的疗愈便成了我们的疗愈。[8] 当我们看到他的无罪本质穿透上主之子脸上那层罪咎面纱而大放光明时，我们就会在他脸上看见基督的圣容，而且明白那正是我们自己的本来面目。

8. 愿我们静静地站在上主的旨意前，着手他指派给我们的任务。[2] 只有这一条路能把我们领至一切梦境的起点。[3] 也只有在那儿，我们才能放下所有的梦境，在平安中飘然远去。[4] 仔细聆听弟兄的求助，真诚地答复他吧！[5] 你其实是在答复上主，因为向上主求助的其实是你。[6] 除此之外，没有其他方法能帮你听见他的天音。[7] 除此之外，没有其他途径能帮你找回上主之子。[8] 除此之外，也没有任何方法恢复你的圆满自性。[9] 疗愈是何等神圣的事，上主之子必须乘着它慈爱的翅膀，才能返回天堂。[10] 因为疗愈透过上主的天音告诉了他，自己所有的罪已被宽恕了。

六. 疗愈的定义

1. 因此，心理治疗的过程可以简单地界定为宽恕的过程，因为没有一种疗愈离得开宽恕的。[2] 不宽恕者即是有病之人，因他必会认为自己不可宽恕，[3] 因而紧抓着罪咎不放，视之为护身符，指望它慈爱的保护，警觉地防卫……这一切反应其实都是拒绝宽恕的可悲之举。[4] 病人一边哀悼失落之苦，一边却乐此不疲，这等于再三警告上主：“上主止步！”[5] 唯有当病人开始听到自己所唱的挽歌，敢反身质问它的真正用意时，才有疗愈的希望。[6] 然而他必须先亲耳听到，才会听出那挽歌哀悼的竟是自己。[7] 听到那首哀歌，才算是踏出了康复的第一步。[8] 反身质问，成了康复的一种决定。

2. 人们有一种强烈的倾向，就是只能忍受这死亡之歌片刻，然后就当做没这回事，因而错失了修正的机会。[2] 那片刻的觉知其实为我们提供了“改变生命曲调”的一个大好机会。[3] 我们才可能听到疗愈之声。[4] 但我们必须具备质疑那定罪之歌的“真相”的愿心。[5] 因为我们假造出来的自我概念里含有一种诡异的扭曲能力，会把丑陋的声音变得极其美妙。[6] 使那嘈杂刺耳的噪音落于人的耳中，犹如“宇宙的旋律”、“天使的歌声”。

3. 耳朵只能为声音解码，它不会听。[2] 眼睛只会复制影像，它不会看。[3] 它们的功能就是把人心所欲之物转为一种可接受的形式，不论它原本多么令人难以接受。[4] 它们只是配合心灵的决定，将它所欲之物复制出来，而且转译为一种易于接受且赏心悦目的样子。[5] 有时，它外在的形象确实透露了背后的初衷；然而，转眼间，心灵便开始害怕，甚至怀疑自己的心智是否正常。[6] 但它仍不允许自己的爪牙改变它们所看到的形象、所听见的声音。[7] 因为那一切已成为证明自己还没疯狂的保镖或解药。

4. 人的感官所找来的外在证据只有一个目的，就是为他提供攻击的借口，使他再也看不见自己内心不宽恕的真相。[2] 一般人很难赤裸裸地面对这一真相的。[3] 不宽恕的心就是倚赖外在证据的支撑才能存活下去。[4] 这正是一切疾病最爱玩的把戏，不让病人认清背后的真相。[5] 只要不宽恕的心态不被识破，它就能千变万化，转为另一个东西。[6] 于是，那“另一物”遂显得极其恐怖。[7] 然而，真正需要治疗的不是那个“另一物”。[8] 生病的不是它，因此，它无须任何解药。[9] 你若把治疗的工夫耗在它身上，必然枉费工夫。[10] 有谁能“治愈”那根本不会生病之物而帮它康复？

5. 疾病会化身为种种形式，不宽恕的心也是如此。[2] 一种病态必会衍生为另一种病态，因它们是同一个幻相。[3] 不论它们如何转型，始终互通声息；你只须仔细分析一种疾病，就不难指认出它背后的不宽恕之心。[4] 然而，看出这一点，还不足以“治愈”它。[5] 你还须认清，只有宽恕能够疗愈不宽恕，也只有不宽恕才会滋生出这些疾病。

6. 心理治疗的最终目标就是帮人彻底明白这一点。[2] 如何才能达到这一目标？[3] 治疗师必须先在病患身上看到自己内在的不宽恕，给自己一个勇于面对、重新评估，然后宽恕自己的机会。[4] 他若能做到这一点，便不难看见自己的罪已随着过去而一逝不返了。[5] 在那之前，他必会随时随地感到某种邪恶势力正伺机攻击。[6] 于是，病患成了反映出他的罪的一块投影板，他才有机会放下自己的一切罪过。[7] 只要治疗师还会在此人身上看到一点罪的痕迹，他最多只能获得片面的解脱，而且疑虑丛生。

7. 没有人能够单独获得疗愈的。[2] 这是救恩向所有聆听天音之人所吟唱的欢乐之歌。[3] 凡是自命为心理治疗工作者，应该随时牢记这一句话。[4] 他们必须把病患视为宽恕的使者，因为仍然相信罪的存在而且习惯着眼于罪的人，有待这些病患帮他们认出彼此的无罪本质。[5] 如果治疗师能够在病患身上看到而且接受那些无罪的证据，等于为双方心灵缔结一个盟约，他们在此盟约下相遇、结合，回归一体的生命。

七. 病患与心理治疗师之间最理想的关系

1. 那么，谁是心理治疗师，谁又是病患？[2] 究竟来讲，每个人同时扮演了这两种角色。[3] 凡是自身有待疗愈的人都必须疗愈别人。[4] 医生，治愈你自己吧！[5] 此外，还有谁能治疗？[6] 还有谁需要治疗？[7] 每位病患都给了治疗师一个自我疗愈的机会。[8] 于是，病患成了他的治疗师。[9] 每位治疗师也必须由眼前的病患学习疗愈之道。[10] 于是，治疗师反而成了他病患的病患。[11] 上主对分裂或对立心态一无所知。[12] 他只知道一件事，就是：他只有一个圣子。[13] 病患与心理治疗师最理想的关系亦须反映出这一真理。[14] 上主会应求助之声而来，求助者便在上主内认出了自己的神圣面目。

2. 教师与治疗师，请仔细想一想：你究竟在为谁祈祷，究竟是谁需要疗愈？[2] 心理治疗其实就是一种祈祷，而疗愈则是它的功效与目标。[3] 当两颗心灵结合在一起欢迎基督来临时，这种关系不就是最地道的祈祷吗？[4] 它成了基督的家园，心理治疗迎请基督进入这一关系中。[5] “治愈”一种外在症状究竟有何意义？他随时都可能选择另一种疾病。[6] 唯有基督进入这一关系后，你才有了真正的选择，就是请他留步。[7] 这是你唯一需要做的事，因为一切都包含在这一选择内了。[8] 疗愈即在其中，幸福与平安也在其中。[9] 它们从此成了病患与治疗师之间理想关系的“症状”，全面取代了病患先前所有的病征。

3. 建立这种关系是需要一段过程的，治疗师须在他的心中告诉病患，他的一切罪过已同自己的罪过一并宽恕了。[2] 这么说来，疗愈与宽恕究竟有何不同？[3] 唯有基督自性具有宽恕的能力，因他了知自己的无罪本质。[4] 他的慧见一旦治愈了人的知见，疾病便会一逝不返。[5] 如此方能根除疾病之因，让它永不复发。[6] 然而，这需要非常资深的治疗师协助才行，因他知道如何与病患缔结神圣关系，所有的分裂意识便在这关系内获得了疗愈。

4. 若要达此境界，只有一个条件，也是唯一的条件：治疗师绝不可以把自己与上主的角色搞混了。[2] 这是所有“尚未疗愈的治疗师”常犯的根本失误，只是花招不同而已，因为他们认为自己是出于自我的创造，而非上主的创造。[3] 很少人觉察得出这一混淆与偏差，否则，那尚未疗愈的治疗师早就转变为上主之师，而且献身于地道的疗愈工作了。[4] 在他获得疗愈之前，必会以为整个治疗过程操纵在自己的手里，因此也该为治疗的成效负责。[5] 于是，病患的错误便成了他自己的失败，罪咎会铺天盖地地罩住了基督的神圣本质。[6] 凡是靠自己的判断而作决定的人，罪咎是势所不免的。[7] 凡是只愿为圣灵发言的人，心中是不可能有罪咎的。

5. 心理治疗的真正目的就是消除人的罪咎，这显然也是宽恕的目标。[2] 两者的同一性在此昭然若揭。[3] 只要治疗师感到自己负有指导弟兄之责，他是不可能摆脱罪咎的纠缠的。[4] 那种责任感假定治疗师具备了他不可能拥有的真知能力，对过去、现在与未来的三世因果都会了然于心。[5] 只有全知全能的人才可能胜任这一角色的。[6] 然而，没有一种知见是全知全能的；有如沧海一粟的自我，除非疯了，才可能妄称自己具备了这一智慧。[7] 但是，许多心理治疗师确实变得如此狂妄。[8] 尚未疗愈的治疗师的神智是不可能全然正常的。

6. 然而，不接受上主指派的任务，与自创一个非他所赐的任务，都是同样的疯狂之举。[2] 资深的治疗师绝不会怀疑自己拥有的能力。[3] 他也不会怀疑这能力的真实源头。[4] 他了解，自己拥有天上人间的一切权能，是基于自己的生命实相。[5] 而他的生命实相又源自他的造物主；上主的爱就在他内，而他是不会失误的。[6] 上主亲自赐给了他一切，要他与人分享这个礼物；切莫轻忽了这话的深意。[7] 他的病患原是上主眼中的圣者，为了寻回自己的神圣性，他向治疗师的神圣性求助。[8] 当治疗师还给他这一神圣性时，病患就会看到基督灿烂的面容反照于自己的脸上。

7. 神智疯狂的人视自己为神，毫不迟疑地将软弱无能投射于上主之子身上。[2] 为此之故，他们才会为自己在上主之子身上看到的脆弱而惶恐不已。[3] 尚未疗愈的治疗师一定很怕自己的病患，他会因为自己的叛逆而开始猜忌对方。[4] 他仍会努力地治疗别人，有时也会有一点效果。[5] 然而，他的成效极其有限，而且只是一时的。[6] 因为他看不见求助者心内的基督。[7] 他离真理如此之远，智慧如此贫乏，又没有任何神明可求助，他能给这看起来那么陌生的人什么答复？[8] 试着在他内瞻仰你的上主吧！因你在他身上看到什么，那就是上主给你的最终答复。

8. 先想一想两位弟兄同心协力的真正意义。[2] 然后就把世界以及它所有微不足道的战果和死亡之梦一并遗忘吧！[3]它们全是同一回事，那充满罪咎的世界如今已不复记忆。[4]平凡的屋舍变成了神圣的道场，所有的病态梦魇都从那美如星河的街道悄悄地流逝了。[5]疗愈的任务在此告终；因为完美之物，无须疗愈；无罪之物，又何须宽恕？

9. 心理治疗师，你该感恩才对，因为你一旦明白了自己的任务，就会亲眼目睹上述的美景。[2]你若认不出自己的任务，就等于否定上主创造了你，也不可能知道自己是他的圣子了。[3]那么，你眼前的弟兄又是谁？[4]还有什么圣人能够领你回家？[5]你自己一旦迷途了，[6]怎能期待在他身上认出自己所拒绝给予的答复？[7]疗愈他人，同时接受疗愈吧！[8]此外，没有任何途径能领你抵达平安之境。[9]啊！让你的病人进入你心中吧，因为他是上主为你派来的使者。[10]他的神圣性难道还不足以唤醒你对上主的记忆？

叁. 心理治疗的行业

一. 选择病患

1. 上门来的每一个人，都是你的病患。[2] 这并不表示你选了他，也不表示你能决定哪种治疗最适合他。[3] 这只说明了，上门的没有一位是误闯进来的。[4] 上主的计划不会有任何失误。[5] 然而，你若以为自己知道每位叩门者需要什么，那你就错了。[6] 这不是你能决定的。[7] 你也可能以为你随时得为那些上门的人作些牺牲。[8] 绝非如此。[9] 要求你作牺牲，无异于要求上主牺牲；在上主心目中是没有牺牲这一回事。[10] 谁能要求"圆满的生命"变得不圆满？

2. 那么，谁有能力决定弟兄需要什么？[2] 绝不是你，因你连那求助者的真面目都认不出来。[3] 他内有"一物"会亲自告诉你，只要你肯聆听。[4] 答案就在他那里，好好地听吧！[5] 不要乱下命令，自作主张，也用不着你牺牲。[6] 听吧！[7] 你会听到他真正的心声。[8] 上主若不确定你能认出弟兄的需要，他岂会将自己的圣子送上门？[9] 想一想上主对你说的话，他需要你的声音代他发言。[10] 还有什么比这更神圣的事？[11] 还有什么比这更大的礼物？[12] 你究竟愿意聆听内心的上主之声，还是去听自己找来的神明？

3. 病患甚至无须亲自上门，你仍然能够因上主之名而为他服务。[2] 你常忘了，上主不会让他的恩赐只限用于你眼前那几个人身上。[3] 你会看到其他人的，因为"看"并不限于肉眼之见。[4] 有些人未必需要你具体的临在。[5] 只要是上主送上门的人，都有待你的协助，甚至比眼前的人更加需要。[6] 不论你是以何种方式认出他们，都会带给你们最大的益处。[7] 至于他们经由何种管道出现，并不重要。[8] 上主会以最有益的方式把病患送到你面前，也许透过一个名字、一个念头、一张图片、一个观念，或是你在某一刻对某人的直觉。[9] 你们的相会操之于圣灵之手。[10] 他一定不负众望。

4. 有一件事是神圣的治疗师以及资深的上主之师不敢掉以轻心的，他绝不自订救恩的课程，也不为自己指派任务。[2] 但他了解自己的角色是整个计划不可或缺的一部分，他得先完成自己的那份任务，才会认出救恩计划的全貌。[3] 他必须不断地学习，而他的病患正是为了玉成他的学习而来的。[4] 为此，治疗师对病患岂能不怀感恩之心？[5] 病患带着上主前来。[6] 治疗师岂会为了微不足道之物而拒绝上主的大礼？他岂会欢迎虚无的魅影而将世界的救主关在门外？[7] 愿他别再背叛上主之子了。[8] 虽然他尚不明白向他求助者是何许人物。[9] 他仍然能够回应对方的求助，并借此听见且明白了那是他自己的求助之声；他岂能不为此而额手称庆？

二. 心理治疗是否是一种职业？

1. 严格地说，不是。[2] 它所牵涉的每一个人都发挥了作用，怎能算是一门独立的职业？[3] 每个人在这治疗关系中既是病患又是治疗师，你岂能用任何标签来限定这一互动关系？[4] 然而，从现实层面来讲，我们还是可以说，确实有些人把疗愈工作当成此生的专职。[5] 而向他们求助者也不乏其人。[6] 这就是世上所谓的心理治疗行业了。[7] 他们可称为“正式”的辅导人员。[8] 他们的专业也足以答复病患的特殊需求，然而，除此之外，他们更可能是一位优良的教师。[9] 这些人当然不受职场规范所限，但有些时候还是需要他们把疗愈的普遍原则示范于具体案例上。

2. 首先，专业治疗师的身份最能为人示范“疗愈没有难易之分”的事实。[2] 为此，他需要特殊的训练，因为在心理治疗的培育课程中，可能很少甚至根本不教导真正的疗愈原则。[3] 它所教的还很可能与疗愈宗旨背道而驰。[4] 世间的培训课程非常强调评估，它们要把心理治疗师塑造成一位判官。

3. 连这种治疗师，圣灵都能加以善用，只要他肯向圣灵表示一点欢迎之意。[2] 本身尚未疗愈的治疗师有时会表现得相当傲慢、自私、漠不关心，甚至骨子里很不诚实。[3] 他可能根本没把疗愈当做首要目标。[4] 然而，只要他决心成为一位疗愈工作者，不论他的方向产生多大的偏差，他仍可能经验到某些东西，即便多么微不足道。[5] 只要有那一点“经验”，就够了。[6] 那小小的经验总有一天会发酵、茁壮；总有一天，治疗师会被一位病患触动，而向他发出无声的求助。[7] 就这样，他为自己找到了一位治疗师。[8] 就这样，他祈求圣灵进入他们的关系中而获得了疗愈。[9] 就这样，他“亲自接受了救赎”。

4. 创世记中有一句话：上主看了他所创造的一切，认为很完美。[2] 不，是他先宣告造化的完美，造化才成为完美的。[3] 他的造化既然永恒不易，如今必然依旧完美无缺。[4] 然而，人间不可能有完美的心理治疗师或完美的病患的。[5] 他们必然早已否定了自己的完美性，如今才需要彼此来弥补自己的缺陷。[6] 一对一的关系并不等于“一体”的关系。[7] 然而，它却是回归“一体”的途径，也是上主为圣子选定的回归之路。[8] 人生梦境如此诡异，它的修正策略也不可能不诡异的，否则便不足以唤醒人心了。[9] 这不也是心理治疗的宗旨所在？[10] 快快乐乐地醒过来吧，因你所有的罪过都被宽恕了。[11] 这是所有病患与治疗师应该带给彼此的信息。

5. 每次会晤都会为病患与治疗师带来某种益处。[2] 那个益处会被妥善保存起来，直到他们有一天恍然大悟，他们的关系里只有那一部分才是真实的。[3] 那个益处就会在圣灵的祝福下回到他们心中，成为造物主的礼物与圣爱的象征。[4] 因为凡是具有疗愈性的关系，必然师法天父与圣子的关系。[5] 此外没有其他的关系，因为此外没有任何东西。[6] 人间的治疗师无意建立这类关系，即使他们想要建立这类关系，大部分的病患也不会接受他们的协助的。[7] 其实也没有一位治疗师真想与病患建立某种关系，而把自己牵扯进去的。[8] 他必须认清这一事实，才算了解心理治疗，然后以此为起点，重新出发。

6. 疗愈必须等到心理治疗师忘记评估自己的病患之时才会来临。[2] 即使有些治疗关系并未达到这一地步，但病患与治疗师仍会在治疗过程中慢慢改变自己的梦境。[3] 由于他们仍是同床异梦，因此那还不是宽恕之梦，不足以唤醒他们。[4] 但是，美好的那一部分会保留下来，值得珍惜。[5] 这种治疗关系只能为他们省下一点时间。[6] 新的梦境很快就会失去它们的魅力，转为恐惧之梦；所有的梦境都是这么一回事。[7] 病患准备好接受多少，他就只能接受这么多；心理治疗师相信自己拥有多少，他也只能给出那么多。[8] 因此，所有的关系在世上都有存在的价值，而且会带给我们恰如其分的益处。

7. 然而，治疗师必须先放下自己的评判，才有疗愈的可能。因为唯有如此，人们才会了解“疗愈没有难易之分”。[2] 已经疗愈的治疗师必然了解这一点。[3] 他已明白，由此梦中唤醒弟兄不会比另一梦更难。[4] 然而，没有一位专业治疗师能在心中坚守这一信念，且能一视同仁地运用于所有病患身上。[5] 世上有一些人已经相当接近这一境界了，但他们却选择留在世上，而不完全回归恩典之境，好使他们的了悟得以长存人间，直到世界末日。[6] 他们不该被称为专业治疗师。[7] 他们其实是上主的圣者。[8] 他们是世界的救主。[9] 他们的形象常存人间，这是他们的选择。[10] 他们愿取代其他的偶像，给世界一个仁慈的梦。

8. 专业治疗师一旦明白心灵原是一体相通的，疗愈的难易之分对他就显得毫无意义了。[2] 但在他还未完全抵达这一境界以前，仍有好一段路要走。[3] 一路上，他会经历无数的“神圣一刻”。[4] 目标始终屹立于旅程的尽头，而非它的起点；每达到一个目标，下一个目标便依稀可见。[5] 大部分的专业治疗师仍盘桓在旅程第一阶段的起始之点。[6] 即使有些治疗师开始明白该如何进行，仍可能抗拒不前。[7] 但他们也可能在一瞬之间便领略到所有疗愈原则的窍门。[8] 唯有在梦里，这段旅程才会显得遥遥无期。

9. 专业治疗师可说是近水楼台，只要用之得法，便能帮人省下无量的时间。[2] 但他所选择的这一条路，也很容易妄用了自己的角色。[3] 他若拒绝诱惑，不再扛下原本就非属自己的任务，他必能迅速跨越平安道上的种种障碍。[4] 他若想了解疗愈没有难易之分，必须同时认清自己与病患的平等关系。[5] 在这事上，他不能模棱两可。[6] 他们不是平等，就是不平等。[7] 心理治疗师在这方面所玩的花招可说是无奇不有。[8] 有些治疗师会利用治疗关系，招来一堆形体到他们的庙里顶礼膜拜，却自认为是在疗愈他们。[9] 也有不少病患把这种畸形的互动关系视为救恩之所在。[10] 纵然如此，那一位“导师”仍会借着他们每一次的会晤，这样循循善诱：“我的弟兄，重新作个选择吧！”

10. 请记住，任何一种特殊性都需要你的保护，也会受到你的保护。[2] 唯有不设防的治疗师才可能肩负上主的大能；习惯自我防卫的治疗师，表示他看不到救恩的真正源头。[3] 他既看不见，也听不着。[4] 那么，他怎能教人？[5] 然而，只因上主的旨意让他在救恩计划中扮演这个角色。[6] 只因上主的旨意要他帮助病患与他结合于此。[7] 因此，他的视而不见、听而不闻，丝毫限制不了圣灵的工作。[8] 除非是在时间领域之内。[9] 在时间领域内，给出救恩与领受救恩之间，是可能耽搁很久的。[10] 这就是我们所说的“罩在基督圣容上的面纱”。[11] 然而，这至多只是一个幻相而已，因为时间并不存在，而上主旨意是千古不易的。

三．付费的问题

1. 没有人付得起心理治疗的代价，因为疗愈属于上主的事，那是无价的。[2] 然而，圣灵会善用人间的一切资源来推展这一疗愈计划，这是上主的安排。[3] 不论多么资深的心理治疗师，只要活在世上，难免会有世俗的需求。[4] 他若需要金钱，他就会得到；那不是一种酬金，只是让他能够顺利地完成上主的计划而已。[5] 金钱并非邪恶。[6] 它什么也不是。[7] 但世上没有一个人能不靠幻相而活，而治疗师的任务则是帮助世上每一个人接纳人间最后一个幻相。[8] 他为此而来到人间，且在此任务中扮演重要的角色。[9] 他也为此而留在人间。[10] 在他逗留人世的期间，他会得到生存所需的资粮。

2. 只有尚未疗愈的治疗师才会为了金钱而治疗；他对金钱重视到什么程度，他的疗效就会受到多大的限制。[2] 他自己也无法在这过程中获得疗愈之效的。[3] 圣灵会要求某些人为这救恩目标付些费用。[4] 也有些人，他不要求付费。[5] 这决定权不在治疗师的手里。[6] “付费”与“代价”的意义有所不同。[7] 按照上主的计划而付费，称不上是付出代价。[8] 该付费时却吝惜不给，那种代价可高了。[9] 怀此心态的治疗师不配称为疗愈者，因他根本不懂疗愈的意义。[10] 他既给不出疗愈，当然也得不到疗愈了。

3. 世俗的治疗师对世界的救恩确实一无所用。[2] 他们有所求，故无法真正地给。[3] 病患只是为他们所交换的幻相而付费。[4] 为此，“费用”是少不了的，而且“代价”还挺高的。[5] “买来”的关系不可能带来疗愈所要给人的唯一礼物。[6] 圣灵的唯一梦境——宽恕，则是无价的。[7] 若要求代价，就等于再度把上主之子钉在十字架上。[8] 他怎么可能由此而获得宽恕？[9] 罪的梦魇岂会因此而结束？

4. 生存是天赋的权利，无须奋斗争取。[2] 那是上主亲自保证过的恩许。[3] 因此也是治疗师与病患共同享有的权利。[4] 不论是张三满足了李四的需求，还是李四弥补了张三的匮乏，都可能为他们建立神圣的关系。[5] 他们的关系在给予中圣化了，双方也由此获得了疗愈。[6] 治疗师以感恩之心回报病患，病患也以同样心态回报治疗师。[7] 这对双方都是无价之宝。[8] 他们也应感谢自己终于摆脱了漫长的自囚与疑虑。[9] 有谁能不为这一礼物而感恩？[10] 有谁会幻想这是可能用钱买到的恩典？

5. 福音中有这么一句话："富有的，还要给他更多。"这话说得真好。[2] 因为他有，所以能付出。[3] 因为他的付出，他得到更多。[4] 这是上主的天律，而非人间法则。[5] 这正是上主的疗愈工作者的写照。[6] 他们能给，不只因为听到了上主的圣言，且已领悟了其中的深意。[7] 因此，不论他们需要什么，上天都会赐给他们的。[8] 但他们必须记得，这一切都来自上主，否则他们就会失落先前的领悟。[9] 只要他们还认为自己需要由弟兄那儿争取任何东西，他们就再也认不出那是自己的弟兄了。[10] 一旦如此，连天堂里的一线光明都会黯然失色。[11] 因为上主之子开始与自己为敌，他之所见，不可能不黑暗。[12] 因他亲自否定了光明，从此丧失了看的能力。

6. 治疗师只须谨守一条规则：没有一个人会因为付不出费用而被他拒于门外。[2] 不论谁被送到谁的门前，都不是偶然。[3] 人与人的关系一向有它特殊的目的。[4] 在圣灵进入这关系以前，即使双方各怀鬼胎，别有企图，这关系仍然可能成为圣灵的道场，基督的安息之所，上主的家园。[5] 不论来者是谁，都是上天送来的。[6] 即使他上门，只是带给他弟兄所需要的金钱。[7] 双方仍会因此而蒙受祝福。[8] 也许他上门，是为了教治疗师看出自己多么需要宽恕，让他看出金钱与此礼物相比实在不足挂齿。[9] 他们双方都会蒙受祝福。[10] 单从费用的角度来看，这人可能比那人多得一些。[11] 若由互惠的角度来讲，每个人都会获得同样"无价"的祝福。

7. 上述的"付费"观点也许显得很不实际，在世俗的眼中确实如此。[2] 然而，世俗的想法没有一个是真正实际的。[3] 一味追求幻相又能带给人多大的益处？[4] 把上主抛到九霄云外又会带给人多大的损失？[5] 人可能抛弃上主吗？[6] 追求虚无之物，去做不可能成功的事，才是最不实际的事了。[7] 何不静止片刻，深思一会儿：你是不是一直为了救恩踏破铁鞋却无个觅处？[8] 其实，向你求助的那一位就是前来为你指路之人。[9] 此外，你还能期待什么更大的礼物？[10] 此外，你又能给出什么更好的礼物？

8. 医生、疗愈者、治疗师、教师们，请先疗愈自己吧！[2] 你只要下定决心，许多人都会为你带来疗愈之礼的。[3] 圣灵从不拒绝邀请，他深愿来此与你同在。[4] 他会赐给你无数的机会，为你开启救恩之门，因这正是他的任务。[5] 不论何时何地，他都会不厌其烦地为你指出任务之所在。[6] 凡是他指派给你的，都会找上门来，向他的神圣“道友”伸出自己的手。[7] 愿你内在的基督欢迎他的来到，因为他也怀有同一基督。[8] 拒绝让他进入你的心内，等于拒绝你内在的基督。[9] 别忘了人间可悲的故事，也别忘了救恩可喜的信息。[10] 别忘了上主为你带回喜乐与平安的救恩计划。[11] 更别忘了上主之路就是如此的单纯：

> [12] 你已迷失于无明的世界，直到你开始祈求光明。[13] 于是，上主派遣了他的圣子，为你带来了光明。

颂 祷

祈祷、宽恕与疗愈

奇迹原理的延伸教材

心 灵 平 安 基 金 会

目 录

颂祷—祈祷、宽恕与疗愈

壹. 祈祷

前 言

1. 祈祷是上主创造圣子之际赐给他的最大祝福。[2] 自那一刻起，它就成了造物主与受造物之间互通声息的唯一声音；它是圣子献给天父的颂歌，也是天父还报圣子的感谢。[3] 他们永恒不渝的爱和谐地共振，欢悦地共鸣，而且无远弗届。[4] 上主的造化在此圣爱中不断地推恩。[5] 上主也透过圣子向自己的创造致谢。[6] 而圣子借天父之名继续创造，并向他的创造献上感恩之歌。[7] 当时间一结束，他们之间的爱便成了唯一的祷声，响遍永恒。[8] 这原是时间幻相出现以前的真相。

2. 当你还滞留于时空世界里，祈祷的形式自然得配合你的需求。[2] 其实，你只有一个需求。[3] 凡是被上主创造成“一个”的生命，必须认出自己是不可分割的整体，你应庆幸那看来四分五裂的幻相在上主天心中永远是一个生命。[4] 因此，上主之子必须借助于祈祷，才可能放下个别的目标与个别的利益，怀着神圣的喜悦，奔向天父与自己的一体真相。

3. 神圣的上主之子，舍弃你的梦境吧！重新活出上主所创造的你，废除你心目中的偶像，再度忆起你的上主。[2] 只要你举心向他，祈祷必会支撑着你，并祝福你，让你乘着歌声的翅膀，不断向上飞升，最后抵达那超乎上下分别之境。[3] 你对此生的目标也会愈来愈有信心，义无反顾地循着天堂平安之门的光明阶梯扶摇而上。[4] 这就是祈祷，这也是救恩。[5] 这是上天之路。[6] 这是上主赐你的礼物。

一. 真实的祈祷

1. 祈祷乃是圣灵帮助我们迈向上主的途径。[2] 它不仅止于询问或恳求而已。[3] 你必须先明白祈祷原是无所求的才可能灵验。[4] 否则，祈祷如何完成它原有的目的？[5] 你若向偶像祈求，祷声怎么可能上达天听？[6] 真实的祈祷必须回避"有所求"的陷阱。[7] 你所能求的，乃是让自己接受那早已赐你的天恩，愿意接受近在眼前的礼物。

2. 我已说过，不论什么具体问题，你都可向圣灵祈求；只要你真有此需求，必会得到具体的答复。[2] 我也曾说过，只有一个问题，故也只有一个答复。[3] 这两种说法，就祈祷而言，并无矛盾之处。[4] 你在人间必须作出各种决定，纵然那全是幻相，你不可能不作选择。[5] 至于你尚未意识到的需求，没有人会要求你去接受那一层次的答复的。[6] 因此，关键不在于你提出什么问题，或你是怎么求的。[7] 只要是来自上主的答复，它必会按照你自认需要的形式来呈现。[8] 然而，这最多只能算是圣灵答复的一个回音罢了。[9] 它的主题曲永远是一首感恩与爱的颂歌。

3. 因此，你祈求的并非那个回音。[2] 那首颂歌才是你想要的礼物。[3] 为它伴奏的泛音、和音及回音等，都是点缀而已。[4] 在真祈祷中，你只会听到那首主题曲。[5] 其余的一切都是锦上添花。[6] 只因你已先寻求了天国，其余的一切自然会赐给你。

4. 祈祷的秘诀就是忘却你心目中认定的需求。[2] 祈求具体之物的心态，与"先看出对方的罪过，再设法宽恕"如出一辙。[3] 因此，祈祷时，你也应放下心目中的具体需求，一起交托到上主手里。[4] 如此，它们变成了你献给上主的礼物；你等于向上主说，自己无意在他面前设置偶像，你唯他的圣爱是求。[5] 那么除了"忆起上主"，他还可能给你什么答复？[6] 你岂能让那些转眼即逝的问题或微不足道的建议，取代他真正的答复？[7] 上主只会给予永恒的答复。[8] 人生枝枝节节的答案早已包含在这个答复内了。

5. 祈祷，是一种谦退、放下的心态，是宁静的聆听，是爱。[2] 它会帮你忆起自己生命的神圣真相，你不该把它与"有所求"的祈祷混为一谈。[3] 爱已经赐给这个神圣生命所需的一切，它还有什么可求的？[4] 你的祈祷其实都是向那个"爱"而发的。[5] 祈祷又代表了奉献之意，献出自己，与圣爱合一。[6] 此外没有什么好求的，因为此外没有你想要的。[7] 你一无所需的那个“空”，成了上主的祭坛。[8] 最后它会消失于上主内。

6.　目前为止，这还不是一般人所能达到的祈祷层次。[2] 尚未抵达此境之人仍需你的代祷，因为他们未必准备好接受自己祈求之物。[3] 请人帮忙祈祷，并不表示你与上主之间还需第三者居中调停。[4] 它的意思是，你身旁还有一个人能拉你一把，帮你提升到他的境界。[5] 唯有体验过上主美善的人，才可能一无所惧地祈求。[6] 也唯有心无所惧的祈祷，才能上达天听。[7] 不论他身在何处，或化身何种形象，他都能与上主之子相通。

7.　真祈祷其实是向对方心中的基督祈祷，这等于是献给他天父的感恩之歌。[2] 祈求基督呈现他的本来面目，这不算是“有所求”。[3] 那是你献给自己的本来面目的感恩之颂。[4] 祈祷的大能即在其中。[5] 它一无所求，却无往不利。[6] 这种祈祷必能与人共沾天恩，因为它所接受的答复是为了所有的人。[7] 只要你与一位了悟这一真相的人一起祈祷，自会有求必应的。[8] 一个具体的问题必会得到一个具体的答复，至于哪一方得到，并不重要。[9] 也许双方都会得到同一答案，只要你们有此诚心与默契。[10] 你会得到答复的，因为你已明白基督同时临在你们两人之内。[11] 那才是祈祷的唯一真相。

二. 祈祷的阶梯

1.　祈祷是没有起点也无终点的。[2] 它原是生命的一部分。[3] 它会随着你的学习与成长而不断改变形式，直到抵达最终的无相之境，融入与上主交流无碍之地。[4] 至于那些“有所求”的祈祷，未必是向上主而发的（通常都不是），甚至与信不信他都扯不上关系。[5] 这一类的祈祷不过是基于缺憾与匮乏而生出的欲望罢了。

2.　这种因“有所需”而“有所求”的祈祷形式，常带有浓厚的无力感及自卑感，绝不可能出自深知自己真相的上主之子。[2] 对自己的本来面目坚信不疑的人，是不可能发出这种祈祷的。[3] 同理，对自己的身份感到妾身未明的人，就不得不倚赖这类祈祷。[4] 祈祷就像生命本身那样生生不息。[5] 每个人其实都在祈祷，而且一刻不曾停过。[6] 不论你求什么，你都已得到了，因你早已认定自己需要什么了。

3. “有所求”的祈祷仍有不少提升的余地，世俗的祈祷偏向于修补性，因此它会带给人不同层次的学习经验。[2] 你在人间仍能怀着真诚的信心向上主祈求，即使你未必了解那是怎么一回事。[3] 那种祈祷通常给你一种相当暧昧而且不确定的自我认同，还会被根深蒂固的罪咎搞得面目全非。[4] 在这阶段，你仍可透过种种形式继续祈求世俗之物，但你也可以要求“诚实”或“善良”这类恩典，尤其是祈求自己能宽恕所有隐藏在“有所求”心态下的罪咎之源。[5] 若非罪咎的作祟，人是不可能感到匮乏的。[6] 无罪之人必然一无所求。

4. 在这一阶段，我们会碰到一些很有意思的矛盾说法，例如“为你的仇人祈祷”。[2] 它的矛盾不在于文字表面，而在于人们对这句话的诠释。[3] 当你相信自己有敌人时，你的祈祷就已经受制于人间法则了，那么你所接收及领受的能力都会大打折扣。[4] 而且，你心中若有敌人的话，需要祈祷的其实是你，而且刻不容缓。[5] 那一句话究竟何指？[6] 它要说的是：为你自己祈祷吧！愿你不再企图囚禁他的基督，以至于认不出自己的真实面目。[7] 不要背叛任何一位弟兄，否则你等于背叛了自己。

5. 敌人象征着陷于囹圄的基督。[2] 基督不就是你自己吗？[3] 因此，为敌人祈祷其实是在为你自己的自由祈祷。[4] 如此，这句话就不再显得自相矛盾了。[5] 它不只重申了基督的一体生命，同时认出他的无罪本质。[6] 如今，这句话显得十分神圣，因为它肯定了上主之子在受造之初的真相。

6. 愿我们须臾勿忘，不论哪一层次的祈祷都是为自己而发的。[2] 不论你与谁结合于祈祷之中，你已把他变成了自己的一部分。[3] 那敌人是你，基督也是你。[4] 在祈祷彻底圣化以前，它属于一种选择。[5] 你无法为他人选择。[6] 但你能为自己选择。[7] 真诚地为你的敌人祈祷吧，因为你的救恩即在其中。[8] 你若能为自己的罪过而宽恕他们，你也必会得到宽恕的。

7. 祈祷乃是领你攀登天堂的阶梯。[2] 祈祷到了最高层次，它的转化与你个人的转化过程极其相似，因为祈祷原是生命的一部分。[3] 世上的一切都已抛诸身后，不复记忆了。[4] 你一无所求，因你一无所缺。[5] 你已彻底认清自己在基督内永恒不变的本来面目，它千古不易，万世不朽。[6] 祈祷之光至此不再闪烁不定，它常明不熄。[7] 如今，一无所求的你，好似披上了上主赐给你（也就是他的圣子）的纯洁无罪的外衣；祈祷至此终于恢复了它的原貌。[8] 如今，它已升华为一首献给造物主的感恩之歌，无思亦无言，无欲亦无求。[9] 至此，祈祷才算发挥了它原有的推恩能力。[10] 而上主会为你所献的这份礼物称谢不已。

8. 每个祈祷都是以上主为目标，因它彻底超越时空，故不可说是终点。[2] 祈祷也没有起点，因为那个目标始终不变。[3] 抵达此境以前，所有的祈祷形式仍属于幻相之列，因为我们既未离开过那个目标，何须借助于任何阶梯？[4] 宽恕本身也是一种幻相，在你尚未完全宽恕之前，祈祷成了宽恕不可缺的一环。[5] 祈祷与你的学习过程息息相关，直到你学成为止。[6] 那时，世界万物都会脱胎换骨，无瑕可指地回归上主的天心。[7] 那和无修无学之境，言语道断，妙不可言。[8] 至于仍活在死亡以及“畏惧上主”幻相内的上主之子，若想重获心灵的平安，必须先了解祈祷的必经阶段。

三. 为别人祈祷

1. 我们说过，祈祷一向是为了自己，确实如此。[2] 那么，还需要为别人祈祷吗？[3] 如果需要的话，又当如何进行？[4] “为别人祈祷”，如果了解正确，确实能帮你撤销自己投射于弟兄身上的罪咎，让你看清了伤害你的并不是那个人。[5] 然而，你必须先消除心中视他为敌人、恶魔或冤家债主这类有毒的念头，才可能由罪咎中解脱出来。[6] 祈祷就是你的解脱途径，它的力量会不断增强，目标也逐步提升，直到抵达上主那儿为止。

2. 在阶梯的底层，也就是你最初的祈祷形式，通常不易摆脱嫉妒与敌视心理。[2] 那种祈祷所求的常是报复，而非爱。[3] 看清真相的人是不可能发出这种祈祷的，它犹如死亡的呼唤，只可能出自死守罪咎而心怀恐惧之人。[4] 那种祈祷是在呼求报复之神，也只有那种神明才会好似回应了他的祈祷。[5] 没有人可能祈求别人下地狱而不自食其果的。[6] 祈求地狱的人本身一定已经陷入地狱了。[7] 凡是已被宽恕也接受宽恕的人，是不可能发出这种祈祷的。

3. 为此，他在这入门阶段必须学习的，就是看清了自己是以哪一种心态祈求便会得到哪一类答复。[2] 这就够了。[3] 明白这一点，他便能轻松地跨出下一步。[4] 下面这句话会带他更上一层楼：

> [5] 我为弟兄祈求的若是“己所不欲”之物，[6] 我已视他为敌人了。

[7] 显然的，如果这人认为释放别人对自己毫无价值或好处的话，他是不会踏出这一步的。[8] 这一耽搁可能很久，因为释放别人会变得像是一着险棋，而非慈悲。[9] 对于心怀罪咎的人，大敌当前反似带给他更多的正面利益；除非他放得下自己臆想出来的益处，否则他是不可能释放任何敌人的。

4. 他必须甘心放下这一罪咎，而不是千方百计地隐藏它。[2] 放下罪咎时，不可能不痛的，他在这一阶段所释出的一些善意，有时会让他陷入极深的恐惧。[3] 因为恐惧的防卫措施本身就很恐怖，它一旦被人识破，恐惧就会倾巢而出。[4] 我们给囚犯的如果只是一种解脱的幻相，对他又有何益？[5] 唯有他亲眼看到罪咎已消失得无影无踪了，才算真正摆脱了罪咎的纠缠。[6] 然而，他若看不出罪咎原是出于自己，一味想把罪咎藏在别人身上，他怎么可能认出罪咎已逝的真相？[7] 害怕解脱的人，很难欢迎自由的来临；还是把敌人当做狱卒比较保险一点。[8] 他若释放了敌人，自己必会更加惊惶失措。[9] 他早已成了你的得救之途以及脱咎之计。[10] 你的毕生精力都投注在这一计谋，一旦要你放下它，必定会引发相当强烈的恐惧。

5. 此刻，请安静片刻，回顾一下你上述的心念反应。[2] 别忘了，解铃还需系铃人。[3] 伸出你的手吧！[4] 这个敌人是为了祝福你而来的。[5] 接受他的祝福吧！感受一下你的心如何被他开启，你的恐惧又如何消逝了。[6] 不要执著于祝福，也勿执著于那人。[7] 他和你同样都是上主之子。[8] 他不是狱卒，而是基督的使者。[9] 也让自己成为他的基督使者吧！如此，你才可能视他为基督的使者。

6. 当你祈求某物、地位、人间的情爱或任何外在的“礼物”时，你其实等于雇用一批狱卒把自己关起来，借以逃避罪咎的纠缠；然而，很少人能够看透这一真相。[2] 你想要用那些东西取代上主的地位，祈祷原有的宗旨便遭到扭曲了。[3] 你渴望什么，这本身就是祈祷。[4] 你无须公开说出来。[5] 当你开始追求周边或次要的价值时，便已偏离了上主的目标，祈祷反会为你招敌结怨。[6]即使如此，祈祷的力量仍是不容漠视的。[7]任何人若想寻找敌人，俯拾即是。[8]他必会因此而失落上天赐他的唯一真实目标。[9]不妨想一想这个代价，切勿掉以轻心。[10]任何别有企图的祈祷都会让你失落上主的。

四. 与他人共祷

1. 唯有踏入第二阶段的门槛，你才可能与人共沾祈祷之惠。[2]在此之前，每个人都在祈求不同的东西。[3]只有当你开始质疑自己为何敌视别人，而且看透这种行径背后的理由（即使只是灵光一现），你才可能与人结合于祈祷之中。[4]相互敌视的人必然各怀鬼胎。[5]他们的敌意正源自彼此的别有企图。[6]别有企图成了他们的军火库，藏怒纳恨的堡垒。[7]你应这样改变自己的心念，若想提升自己祈祷的境界，关键即在于这一念：

[8]愿你和我一起携手并进！

2. 从此之后，你才可能透过祈祷帮助别人，而且共沾其恩。[2]从这一步起，你攀升的速度会加快许多，但你还有不少课程有待学习。[3]你的路已经开启了，而且胜券在握。[4]开始时，即使你们同心祈祷，所求之物仍然可能偏离祈祷的真正目标。[5]你们仍会聚在一起具体祈求一些东西，这样，你们只不过打造出一个“同心协力”的幻相而已。[6]丝毫意识不到，当你们在一起祈求某些具体之物时，你们只想要某个“果”，而不要它的“因”。[7]那是不可能的事。[8]因为没有一个人能够只享其果而免受其因的，那等于要求那些非因之因为他带来无因之果。

3. 由此可见，即使同心一意，依然有所不足，他们必须在提出任何祈求之前，先探问一下上主的旨意才行。[2]只有来自“终极之因”的答复才可能满全你所有的具体需求，它会将所有的个别心愿结合于一个愿心之下。[3]具体的愿望不外乎想要重复过去某种经验罢了。[4]渴望重温过去的赏心乐事（至少感觉不错的记忆），或是想要拥有他人所爱之物，这些愿望所根据的全是过去的幻相。[5]祈祷的宗旨原是帮人由过去幻相的桎梏中释放出来，活在当下；因此，祈祷成了另一种自由的选择，它会为你解除过去每一个错误的选择。[6] 如今，祈祷所带给你的，远远超过你过去不得不退而求其次的选择。

4. 每次祈祷，你都在为自己选择一个新生的机会。[2] 这是你当下能由桎梏中解脱的机会，你难道还想把它压抑下去，或打入冷宫？[3] 不要再为你的祈求设限了。[4] 祈祷会带给你上主的平安。[5] 在这转眼化为尘烟的时空世界里，那些无常之物岂能与上主的礼物相提并论？

五．阶梯的尽头

1. 祈祷乃是通向真谦逊的途径。[2] 它必会由此基础缓缓攀升，在爱与神圣的力量下逐渐茁壮。[3] 愿它由尘世中拔地而起，向上主飞奔；真谦逊最后必会来临，祝福那些自以为孤独地面对世界挑战的心灵。[4] 谦逊带给人平安，因为它从不要求你以统治宇宙为己任，也不会用你的管窥之见来评论万物。[5] 它乐于放下形形色色的偶像神明，诚心诚意而且无怨无悔，因为他已看清了那些偶像一无所用。

2. 幻相与谦逊的目标泾渭分明，且势不两立，你不可能在它们之间找到任何交会点。[2] 其中一个出现，另一个就会消失。[3] 真正谦逊的人，除了上主以外，没有其他目标，因为他们不再需要偶像，防卫措施也变得英雄无用武之地。[4] 敌人如今已经没有存在的必要，因为谦逊从不与人对立。[5] 它不必藏身于愧疚之后，因为它知道自己是由上主旨意中创造出来的，故能安身立命于自己的真相。[6]它的“无我”便是它的“真我”或“自性”，当它欣然与每一位上主之子结合时，便会在此交会中看见这个自性，且认出自己与对方共有的纯洁本性。

3. 如今，祈祷终于提升到物质、身体以及种种偶像之上了，你终于得以安息于神圣之境了。[2] 谦逊会让你看到上主之子的荣耀以及罪的傲慢。[3] 你的梦境有如一道面纱，遮蔽了基督的圣容。[4] 如今，你总算能仰望他的清白无罪了。[5] 祈祷之梯愈升愈高。[6] 天堂几乎一蹴可几了。[7] 还差那么一点点，你的学习旅程就告完成。[8] 此刻，你不妨向每一位愿与你在祈祷中结合的人说：

[9]没有你，我无法前行，因为你是我的一部分。

[10] 在真相中，他确实如此。[11] 如今，你只会祈求能与他真正共享之物。[12] 因你已了解，他从未离开过你，看来好似落单的你，其实与他共享同一生命。

4. 这就是祈祷之梯的尽头，它已超越了有修有学的层次。[2] 如今，你立于天堂门前，而你的弟兄正站在你身边。[3] 碧草如茵，既深且静，这儿是你注定如期抵达的终点，它已等候你多时了。[4] 时间到此结束。[5] 永恒会在门口与你相会。[6] 祈祷恢复了它原有的功能，只因你已认出了自己心内的基督。

贰. 宽恕

前 言

1. 宽恕有如祈祷的双翼，使它得以展翅高飞，进步神速。[2] 若非这强而有力的助手，想要由祈祷的底层攀升，必然枉费工夫，犹如痴人说梦。[3] 宽恕是祈祷的最佳盟友，是你救恩计划中的好姊妹。[4] 它们必会齐力将你撑起，稳住你的脚步，你才可能矢志不移。[5] 举首仰望这伟大的盟友吧！它怀着上主的祝圣，陪你返回上主那儿。[6] 它会为你结束一切幻相。[7] 然而，宽恕并没有"祈祷"姊妹的超时空性；宽恕是有终点的。[8] 当你攀升到阶梯的尽头，它就功成身退了。[9] 然而，它是你在世上所能达到的最高成就；超乎此境，则非你能力所及。[10] 只要完成这一步，你便已得救了。[11] 完成了这一步，你便已脱胎换骨了。[12] 完成这一步，你便能拯救整个世界了。

一. 宽恕自己

1. 在上天所赐的礼物中，没有一样比宽恕受到更大的误解了。[2] 它几乎沦为一种惩罚，原以祝福为初衷的宽恕竟转为一种诅咒，它冒充上主的神圣平安，无情地嘲弄了天恩。[3] 凡是尚未准备好踏上祈祷之阶的人，无一不犯此错误。[4] 起步之初，宽恕的慈悲本质必然暧昧不明，因他还不了解救恩的真谛，发心不诚，用心不坚。[5] 一旦偏离了宽恕的目标，疗愈的初衷就会转为伤人的武器。[6] 于是，罪咎开始冒充救恩，真正的解救方案反而显得像是一种可怕又“另类”的人生选择。

2. 因此，“毁灭性的宽恕”远比“真宽恕”更符合世人的需求，它成了人们“为达目的而不择手段”的正当途径。[2] “毁灭性的宽恕”绝不会放过任何罪恶、罪行、罪咎，它会寻寻觅觅，直到揪出它们为止，还会“爱”如己出。[3] 别人的过错成了它的至爱，而且会在它眼里不断扩大、增长及膨胀。[4] 它会小心翼翼地挑出所有邪恶部分，却把对方可爱之处视为瘟疫、威胁或是死亡，避之犹恐不及。[5] “毁灭性的宽恕”其实就是死亡，它会在万物中处处看到死亡的踪影，而且深恶痛绝。[6] 于是，上主的慈悲变得有如一把利刃，存心置他的爱子于死地。

3. 你是否愿意宽恕自己这类作为？[2] 那么，好好学习上主教你的方法，你才可能平安地回归于他。[3] 别再着眼于他人的过错了。[4] 更不可把它当真。[5] 只去看他可爱的一面吧！唯有在罪恶所在之处看到基督的圣容，你才算宽恕了罪恶。[6] 还有什么比这更好的途径能把祈祷带向上主？[7] 他深爱自己的圣子。[8] 你若对上主的造化怀有敌意，怎么可能“忆起上主”？[9] 你若痛恨他的爱子，不可能不同样地恨他的天父的。[10] 因为你怎样看圣子，就会怎样看自己；你怎样看自己，就会怎样看上主。

4. 祈祷一向是为了你自己的好处，宽恕也是上天赐你的礼物。[2] 根本没有“宽恕别人”这一回事，你在他人身上所看到的全是自己的罪过。[3] 因为你只想在别人身上而不想在自己身上看到罪的踪影。[4] 为此，“宽恕别人”其实是一种幻相。[5] 然而，它却是世上唯一的幸福美梦，也只有这种幻梦不会将人导入绝路。[6] 你只能在他人身上宽恕自己，因你已将自己的罪过嫁祸于他，因此你也只能从他身上找回自己的纯洁无罪。[7] 除了有罪之人，还有谁需要宽恕？[8] 切莫在他人身上寻找罪了，你只可能在自己身上看到它的踪迹。

5. 世上最大的谎言莫过于此，而你也成了最大的自欺之人。[2] 在你心目中，邪恶的都是别人，你是他的罪恶之受害者。[3] 果真如此，你岂有重获自由的可能？[4] 你成了所有人的奴隶，因为不论他做什么，都左右着你的命运、你的感觉、你的忧喜、你的绝望或希望。[5] 除非他放你自由，否则你不可能自由。[6] 他在你眼中既是邪恶之辈，你还能期待他给你什么好处？[7] 你不可能只看见他的罪而看不见自己的罪的。[8] 然而，你也可能与他从罪中一起脱身出来。

6. 给人“真宽恕”，是你重获自由的唯一希望与途径。[2] 只要你还把这虚幻世界当成自己的家，别人就会和你一样继续陷于错误中。[3] 然而，上主亲自赐给了所有圣子具体的出路，足以应付他们眼前的任何幻相。[4] 基督的慧见无须借助你的肉眼，你能透过他的慧眼去看，学习他看的方式。[5] 他人的错误不过是一些微不足道、转眼即逝的阴影罢了，最多只是状似遮蔽了基督面容片刻，然而，藏身于一切错误之后的基督面容始终不变。[6] 他的永恒不渝，依旧存于圆满的平安及寂静之中。[7] 他看不到任何的阴影。[8] 他的慧眼会越过一切错误，直指你内在的基督。

7. 因此，向他求助吧！向他请教如何才能学会他慧眼下的宽恕。[2] 他所赐的礼物正是你必修的课程，你必须向他学习这一宽恕才有得救的可能。[3] 你内心若仍怀有一丝“毁灭性的宽恕”，祈祷便无法上达天听。[4] 然而，上主的慈悲会为你神圣的心灵涤除这类令你窒息的有毒念头。[5] 基督既已宽恕了你，世界在他眼中必也显得如他自身一般神圣。[6] 唯有不再着眼于邪恶之人，才算具备了他的眼光。[7] 因凡是受他宽恕的人，表示他根本没有犯罪，罪咎便失去了立足之地。[8] 救恩的计划就这样完成了，人心终于恢复了它原有的正常与清明。

8. 宽恕之举不过代表了我们内心愿意活得正常与清明的愿望罢了，只有神智失常的人才会在基督圣容看到罪的痕迹。[2] 这是你该作的选择，简单至极，却是你所能作的唯一抉择。[3] 上主请求你把基督的爱带给他的圣子，将他由死亡中救出。[4] 这是你真正的需求，也是上主交托给你的礼物。[5] 他怎么送给你的，你就怎么给出去。[6] 如此，祈祷才能恢复自己的“无相”本质，超越所有的限制，跨入超时空之境，不再受过去的牵绊，融入了整个造化向上主吟唱不绝的颂歌。

9. 若要达此终点，你必须好好学习才能抵达那无修无学之境。[2] 宽恕乃是学习的金钥，但你若连门都找不到，就算钥匙在手又有何用？[3] 为此，我们才会为你区分祈祷的层次，摆脱黑暗的束缚，将它带入光明之境。[4] 你必须扭转自己心目中的宽恕，清除它隐含的恨意与别有居心。[5] 我们必须揭露“毁灭性宽恕”的阴谋诡计，让它永无还魂的机会。[6] 直到它的阴魂一逝不返，上主所制订的回归计划才有完成之日；学习阶段到此终于圆满结束了。

10. 这是个充满对立的世界。[2] 只要它对你还具有某种真实性，你每一刻都得在相对之物中分别取舍。[3] 你必须学会另一种选择的能力，否则你是不可能真正自由的。[4] 愿你彻底明白此刻宽恕对你的具体意义，并且学到那真正让你自由的宽恕方式。[5] 祈祷境界的高低全凭这一修持，才能自由地越过无明世界而抵达平安之境。

二. 毁灭性的宽恕

1. “毁灭性的宽恕”成了有相世界的一道武器，它有千百种化身。[2] 它们的毁灭性未必全都一目了然，有些还会鬼鬼祟祟地藏身于某种爱心之下。[3] 不论它化身为何种形式，居心只有一个，就是制造分裂，使上主的平等造化开始有了分别。[4] 它设计出种种差别性，让你无法视而不见，这正是它的用意所在。

2. 在这类宽恕中，首先，它会设计出“比较优秀”的人屈尊就卑地把“比较差劲”的人由困境中拯救出来。[2] 这种宽恕具有高高在上的贵族架势，举手投足之间流露出来的傲慢心态，绝不可与爱同日而语。[3] 谁能一边宽恕又一边藐视人？[4] 谁能一边告诉那人他罪孽深重，一边还把他看成上主之子？[5] 谁能一边把人视为奴隶，一边又教他自由的意义？[6] 这种宽恕没有合一，只有悲哀与怨恨。[7] 这不是真正的慈悲。[8] 它与死亡无异。

3. 另一种宽恕，你若能看穿它背后的动机，和前一种并没有什么不同，只是傲慢的心态比较不明显而已。[2] 有意宽恕的一方并不自恃高人一等。[3] 反之，他会说，此人的罪过令他有同病相怜之感，两人都觉得自己一文不值，该受上天的惩罚。[4] 这种心态看起来十分谦逊，两人好似在较劲谁的罪孽更加深重。[5] 但这不是爱护上主造化的方式，他对上主赐给那人的永恒神圣本质缺乏一份敬意。[6] 上主之子一旦定了自己的罪，还可能忆起上主来吗？

4. 它其实是在离间上主与他所爱的圣子，让圣子对自己的生命之源从此敬而远之。[2] 还有一种人，一心想要扮演为他人牺牲的角色，目的也不外乎此。[3] 我们必须识破这种宽恕的动机，因为人们很可能视之为温良慈悲的表现，丝毫看不出它那残酷的用意。[4] 试想，你默默地接受他人的鄙视，还能报之以微笑，这难道不够宽宏大量吗？[5] 看啊！你这个大善人，如此圣善地忍受别人加诸你的怨愤与伤害，竟能深藏不露你心如刀割之痛。

5. “毁灭性的宽恕”常常隐藏在这类包装之下。[2] 它会露出一副受苦的嘴脸，默默地为残暴之罪与无情之咎作证。[3] 这一指控将那本来可能成为他救主的人转为仇敌。[4] 那人一旦沦为敌人之后，他便不能不承受罪咎所带来的沉重谴责。[5] 这岂称得上是爱？[6] 对那正等着你将他由罪咎之苦拯救出来的人而言，这毋宁是一种叛逆。[7] 它的用意至为明显，即是让罪咎的见证人从此对“爱”退避三舍。

6. “毁灭性的宽恕”也可能化身为一种讨价还价的妥协形式。[2] “你若能答复我的需求，我就宽恕你；你必须接受我的奴役，我才有解脱的可能。”[3] 不论你向谁说出这句话，你自己已先沦为奴隶了。[4] 然后，为了消除心里的罪恶感，你只好继续跟他讨价还价下去；这种妥协伎俩不会带来任何希望，只会给你更大的烦恼与痛苦。[5] 宽恕到了这一地步变得非常恐怖！它的宗旨竟被人曲解到这种地步！[6] 习惯这样讨价还价的人，对自己仁慈一点吧！[7] 上主只知施予，从不要求回报。[8] 只有他的施予方式才称得上是真正的给予。[9] 其他形式都是挂羊头卖狗肉。[10] 总想与上主之子讨价还价的人，怎么可能为对方的神圣而感谢天父？

7. 你究竟想向弟兄证明什么？[2] 你难道还想加深他的罪咎，不惜让他惨遭池鱼之殃？[3] 宽恕才是你的脱身之道。[4] 你若把宽恕导向痛苦与奴役的深渊，没有比这更可悲的事了。[5] 然而，在充满对立的世界里，你也可能把宽恕用在上主的目标上而获享平安之福的。[6] 不要三心二意了，否则你等于自掘坟墓，且存心与基督自性分裂。[7] 基督是为一切人而存在的，因为他活在所有人心中。[8] 宽恕会帮你认出他的圣容。[9] 如此，你才能在他的圣容中看到自己的本来面目。

8. 如果宽恕不能帮你摆脱愤怒、定罪或任何比较的心态，不论它化身为何种形式，都是死路一条。[2] 这确实是在自掘坟墓。[3] 不要再受它们蒙蔽了，抛弃它们悲哀且无用的祭品吧！[4] 你再也无须活在奴役状态下了。[5] 你也不愿继续害怕上主。[6] 你只想看到天堂灿烂的光辉照耀大地，将世界由罪中赎回，活在上主的爱中。[7] 祈祷在此与你一起得到了解脱。[8] 你终于得以自由地展开双翼，在祈祷的扶持下，向上攀升，直到回归上主为你准备好的家园为止。

三. 救恩性的宽恕

1. “救恩性的宽恕”只有一种，也唯此一种。[2] 它不要求任何人证明自己的无辜，也从不索求任何代价。[3] 它不与人争辩，宁可视而不见也不去评判他人的错误。[4] 它不会给出口是心非的礼物，不会心里想置人于死地，口中却许诺他自由。[5] 上主岂会欺骗你？[6] 他要求的只是你的信任，以及学习释放自己的愿心。[7] 凡是真心想要了解上主旨意的人，上主必会赐给他那位“圣师”的。[8] 他等着助你一臂的心情，远非你所能领会。[9] 你终有一天会找到回归他的道路，这是他的心愿，就是这一“愿”，成了一切的保证。

2. 上主的孩子，他的礼物全都非你莫属，这不是凭着你的计划，而是出自他神圣的旨意。[2] 他的天音自会教你宽恕的真谛，指点你如何以他的方式宽恕。[3] 那还不是你目前所能了解的，因此，别钻牛角尖了，只须循着宽恕之径向上攀登，你的眼光迟早会转为基督慧眼的。[4] 其他的事都不值一顾，因为此外一切尽是虚无。[5] 只要有人向你求助，不论他以何种形式，上主都会代你答复的。[6] 你需要做的只有一件事，就是退到一旁，不再插手干预。[7] “救恩性的宽恕”乃是他的任务，他会代你答复的。

3. 切勿暗自规定基督的宽恕应该采取哪一种形式。[2] 他知道怎样才能把每个求助之声转为你的增上缘，帮你加速起身返回天父的家园。[3] 他能使你的脚步坚定，你的言辞诚恳；我不是指你自己的诚心，而是他的“诚心”。[4] 让他帮你决定该如何宽恕吧！那么，你的每个经历都会变成迈向天堂与平安的一大步。

4. 你难道还没厌倦被囚的滋味？[2] 你这悲哀的人生可不是上主为你选的。[3] 它既然出自你的选择，你必有化解它的能力，因祈祷是仁慈的，上主是正义的。[4] 他的正义只有他能了解，你尚无法体会。[5] 但他给你具体的步骤向他学习，直到你明白了，他不曾定过任何人的罪，那全是借由邪恶之名所造出的幻相。[6] 至于那些幻梦会以什么形式呈现，无关紧要。[7] 只要是幻相，一概虚假不实。[8] 唯有上主的旨意真实不虚，在他的旨意与目的下，你与他原是一个生命。[9] 一切梦境便到此结束了。

5. 每当有人求助或需要你的宽恕时，你只须这样问：“我该为这位圣子做些什么？”[2] 至于他们是以什么方式求的，无须你来评鉴。[3] 你应以哪一种宽恕向这位上主之子伸出援手，也由不得你来决定。[4] 他自己内在的基督之光才是他的解脱力量，基督自会答复他的呼求。[5] 当基督决定你该宽恕时，你就宽恕他，透过基督的眼睛来看他，同时代基督发言。[6] 他知道人心的需求，他知道问题与答案之所在。[7] 他会以你所能了解及熟悉的语言指点你如何进行。[8] 不要把他的任务与你的任务混淆了。[9] 他本身即是终极的答复。[10] 而你只是聆听之人。

6. 基督究竟向你说了些什么？[2] 是有关救恩及平安的礼物。[3] 有关罪、咎及死亡的结束。[4] 有关宽恕在他内所扮演的角色。[5] 你只须聆听。[6] 任何呼求基督圣名的人，都会听到他的答复，且将他的宽恕置于基督之手。[7] 宽恕是上主托付给他的教诲任务，不容他人破坏或扭曲为分裂的工具，或用罪与死亡来冒充上主的神圣礼物。[8] 祈祷有如基督的右手，它等着“真宽恕”由上主永恒的醒悟与圣爱中流出，才能发挥它的拯救之力。[9] 好好地聆听并学习吧，不要再妄自判断了。[10] 你应转向上主，听从他的指示。[11] 他的答复有如清晨一般明澈，而他的宽恕也绝非你心目中的宽恕所能比拟。

7. 然而，他知道真相，那就够了。[2] 宽恕自有它的“圣师”，他绝不会辜负你的期待。[3] 不妨体会一下这话的深意，别再企图去评估宽恕了，更不要把它限制在世俗的框架下。[4] 让它升向基督吧！基督会欣然悦纳这一礼物的。[5] 他不会让你孤苦无依地活在

人间，他必会因自己之名而派遣天使答复你的需求。[6] 他就站在
那扇只有宽恕才能开启的门边。[7] 把钥匙交托给他吧！不要越俎
代庖，你就会在基督灿烂的面容看到那扇门轻轻地开启了。[8] 看
哪，你的弟兄就站在门后，他是上主之子，仍是上主当初创造的
模样。

叁. 疗愈

前 言

1. 祈祷不只有它的助手，还有一群见证，使得崎岖陡峭的旅程变得轻松而平稳，它们减轻了恐惧之苦，且带来了慰藉及希望。[2] 疗愈就是宽恕的见证及祈祷的助手，它是你必会抵达目标的成功保证。[3] 然而，我们不宜过度渲染疗愈的重要性，因它最多只是显示宽恕之力的一个象征或标志，它不过是人心改变了祈祷目标之后的必然结果或一个倒影罢了。

一. 疾病的起因

1. 不要把因果颠倒了，也勿把疾病与它的必然起因视为互不相干的两回事。[2] 疾病只是某种邪念的标志与倒影；那个邪念在世界的运作体系下看起来相当真实，听起来言之成理。[3] 它是人心内在“罪恶”的一个外在证据，直指那使上主之子万劫不复的“不宽恕”之念。[4] 身体是不可能真正疗愈的，“治愈”的短暂功效即是最好的证明。[5] 身体最终不免一死，那种治疗最多只能帮它苟延残喘，不致即刻落回它所来自以及终将回归的尘土而已。

2. 身体的出现是源自上主之子的不宽恕心态。[2] 它从未离开过这一源头，身体的病痛、衰老及死亡的迹象即是最显著的证明。[3] 凡是认为生命受制于身体，得靠那微弱而不可靠的一口气来维系的人，势必感到身体脆弱得可怕。[4] 死亡随时都在每个角落窥伺着，不论他们如何力挽狂澜，都无法逃脱死亡的魔掌。[5] 身体的无常及疾病为人带来了极深的恐惧。[6] 因他们已在心中嗅出了浓重的死亡气息。

3. 只有“真宽恕”能够带给身体疗愈之效。[2] 也唯有如此，它才可能忆起生命的永恒不朽，那是神圣与爱给它的礼物。[3] 只有对基督圣容上任何阴影都能视而不见的心灵，才给得出这种宽恕的。[4] 疾病纯粹只是一种阴影，它是弟兄批判弟兄、上主之子批判自己的标志。[5] 他已把身体贬为囚禁自己的牢狱，然后忘记是他自己赋予身体这一任务的。

4. 他所做的那一切，如今只有上主之子化解得了。[2] 他不能仅凭一己之力。[3] 因他已把牢房的钥匙丢失了，也就是他神圣而无罪的生命本质以及他对天父之爱的记忆。[4] 幸好，天父已把自己的天音留在他内，随时都会伸出援手。[5] 疗愈的能力如今成了天父给他的礼物，因他仍能透过天音与圣子互通声息，不断在他耳边提醒：纵使选择以身体为家，身体终究还是无法成为他真正家园的。

5. 因此，我们的首要任务即是清楚分辨真疗愈与假疗愈的不同。[2] 而眼前充满对立的世界可说是为疗愈提供了最佳场所；进了天堂之后，还有什么需要疗愈的？[3] 然而，正如世间的祈祷可能求错了东西，看似慈悲的宽恕也可能暗含害人的动机；那么，疗愈难免也有真假之分，它可能为世俗的势力作证，也可能成为上主永恒之爱的见证。

二. 真假疗愈之别

1. 假疗愈乃是一种毫无价值的交易，它只是把一个幻相换成另一个“较好”的幻相，将生病之梦转为健康之梦而已。[2] 这种疗愈常出现于较低的祈祷层次，夹杂着徒具好心却不明就里的宽恕。[3] 假疗愈仍会受制于恐惧，给予疾病随时卷土重来的机会。[4] 假疗愈确能消除某种程度的痛苦与病症。[5] 但是，病因犹在，因此苦果难逃。[6] 疾病之因始终跳脱不出那个想要征服基督的死亡之愿。[7] 死亡必会随着这一愿望而来，因为任何祈祷都会得到答复的。[8] 然而，还有另一种死亡的形式，它的源头却大相径庭。[9] 它不是源自某种有害的意念或是对宇宙的无明怒火。[10] 它只不过表明身体的功用已尽，可以功成身退了。[11] 因此他抛弃了身体，是出于自愿的，犹如抛弃一件破旧的外衣。

2. 死亡本应如此，它是出自平心静气的决定，在平安喜悦中作出的选择，因为这具身体一直体贴地扶持着上主之子走在上主的道上。[2] 因此，我们十分感激身体所提供的一切服务。[3] 但也由衷欣慰自己不必一直依赖它而存活于这充满限制的世界，只能藕断丝连地与基督相通，惊鸿一瞥他美妙的行踪。[4] 如今，我们终于学会如何在光明中举目，无所障蔽地仰望他了。

3. 我们虽然称之为死亡，其实这是真正的自由解脱。[2] 这种死亡来临时，不会假痛苦之力硬逼那不甘离去的肉体就范；身体会静静地欢迎解脱的来到。[3] 唯有真正获得了疗愈，这种死亡才会来临，它表示该学的课程已经欣然完成且欣然结束，我们可以安息了。[4] 我们终于能够安心地呼吸更自由的空气，享受更平和的环境了；我们会在那儿看到自己曾经给出的礼物都完好如初地静候着我们。[5] 如今，基督的圣容已然历历在目，他的慧见在我们内日益稳固，他的天音及上主的圣言也非我们莫属。

4. 只有感恩的心才可能领受这条通往更高的祈祷境界的轻松途径，一条人间温柔的宽恕道路。[2] 然而，疗愈必须先来祝福这颗心灵，慈爱地原谅它在梦中嫁祸于世界的种种罪过。[3] 如此，心灵方能在安息的宁静中驱除所有的梦境。[4] 如此，心灵方能透过宽恕来疗愈世界，而且随时准备好安心地离去；因为旅程已经结束了，课程也修习完毕了。

5. 按照世界的标准，这实在不能称为死亡，因死亡在世人惊恐的眼中是非常残酷的，是对罪恶的一种惩罚。[2]它怎么可能成为一种祝福？[3]人们对它害怕得避之犹恐不及，怎么可能欢迎它的来临？[4]这种死亡观念怎么可能带给世人任何疗愈？然而，死亡确实为人开启了更高层次的祈祷之门，仁慈地为人伸张了正义。[5]它是一种赏报，而非惩罚。[6]然而，唯有超乎世人理解的"真疗愈"才能培养出这种死亡观。[7]没有片面的疗愈这一回事。[8]那不过是将这个幻相变成另一个幻相，忙到最后，终归徒劳无功。[9]凡是虚妄的，不可能片面地变成真实的。[10]你一旦获愈，那疗愈必是全面的。[11]那时，宽恕也成了你能给出也愿接受的唯一礼物。

6. 假疗愈只限于医治身体，并未触及疾病的真正起因，因此疾病随时都有复发的可能，最后会以冷酷的死亡来炫耀它的胜利。[2]它也许能够暂缓病情的恶化，给人一点苟延残喘的机会，其实它一直伺机向上主之子报复。[3]你克服不了任何疾病的，除非你能放下自己对疾病的所有信念，接受上主的世界（也就是那个不曾被罪恶打入冷宫的世界）来取代人间的噩梦。[4]终有一天，天堂之门开启了，上主之子终于能够自由回家了；那真正的家园始终向他伸出欢迎之手，在太初之前即已为他准备就绪，至今仍在殷殷盼望着游子的归来。

三. 分裂与合一之别

1. 假疗愈只是片面地医治身体，而不是全面的治愈。[2]它的别有企图在此一览无遗，因它根本无意解除那藏身于疾病下的罪之诅咒。[3]它显然存心鱼目混珠。[4]假疗愈的人不可能明白自己和别人无二无别。[5]唯有明白这一真相的人，才会获得真正的疗愈。[6]在假疗愈中，只有一方获得殊荣，并非双方平等一体地同享此恩。[7]分裂心境在此表露无遗。[8]真疗愈因而失落了存在的意义；偶像便会乘虚而入，遮蔽了上主之子一体生命的真相。

2. "分裂取向的疗愈"，这一观念听起来相当古怪。[2]然而，任何的治疗若含有一点"你我不同"的不平等心态，必然不出此列。[3]这类治疗也许治得好身体，一般说来，它的功能也仅限于此。[4]例如某人见多识广，受过较好的训练，或者比较聪明，天分较高。[5]因此，他能治疗另一个低他一等且有待保护的人。[6]即使是这种心态，仍有治愈身体的可能；因为我们的平等性在梦境中最多只是昙花一现。[7] 梦境就是借着变化与无常而打造出来的。[8] 他们指望的疗愈，不外乎找到一位聪明能干的人，靠他的专业技术而让自己如愿以偿罢了。

3. “某人比我聪明能干”，这句神奇的咒语便足以把世界的疗愈观念与治疗对象转向身体了。[2] 另一人会由此人的知识与技术而受惠，由他那儿获得解除痛苦的药方。[3] 这怎么可能！[4] 它等于先假定两人之间的不平等，还得当做真理般地接受，再借这不平等关系去帮助受害者恢复健康，安抚那饱受自我怀疑之苦的心灵；这怎么可能带给任何人真实的疗愈？

4. 那么，人们是否仍然可能透过疗愈工作来帮助其他人呢？[2] 对傲慢的心灵，答案是：不能！[3] 但对谦逊的心灵，则有此必要。[4] 这就像我们先前提及的祈祷需要助手的道理一样，疗愈也能帮助宽恕发挥它本有的功能。[5] 但你不可自封为传送疗愈这神圣礼物的使者。[6] 你只不过认出了自己与求助者原是同一个生命而已。[7] 他就是靠你这一体意识才能驱除自己心里的分裂意识，这才算是痛下针砭。[8] 给人一帖与病因无关的药方，实在没有道理，因那不可能真正疗愈任何疾病的。

5. 疗愈工作者确实存在，他们就是已认清自己生命之源的上主之子，并且了解那“根源”所创造的万物与自己原是一个生命。[2] 这才是帮人解脱的万灵丹。[3] 它会带来永世长存的祝福。[4] 这种疗愈不是片面的，而是全面且永恒的。[5] 它揭露了所有疾病的真相。[6] 就在这儿，上主写下了他的圣言。[7] 唯有爱与合一疗愈得了疾病与分裂。[8] 也只有这种方式才符合上主的疗愈初衷。[9] 若非上主，便无疗愈可言，因为那儿没有爱。

6. 唯有上主的天音能教你疗愈之道。[2] 仔细聆听吧！你才能不负众望，将他慈悲的药方带给所有送到你面前的人，使上主得以亲自疗愈他们，并祝福所有与他一起献身于疗愈的人。[3] 身体必会随之康复，因为病因已经解除了。[4] 只要病因一除，它再也无法改头换面卷土重来了。[5] 死亡在此慧见下也不再显得那么可怕。[6] 真正已获疗愈的人是一无所惧的，因为爱已进入他的心中，取代了偶像的地位，恐惧终于向上主俯首称臣了。

四. 疗愈的神圣性

1. 已获疗愈的人是如此的神圣！[2] 因为在他们心目中，每个弟兄都分享了他们的疗愈与他们的爱。[3] 献身于上主的疗愈工作之人即是平安的使者，圣灵必须透过他们才能代上主发言。[4] 而他们也从不为自己说话，只会代圣灵发言。[5] 他们给出的礼物无一不是来自上主。[6] 这是他们愿意与人分享的唯一礼物，因为他们知道这是上主之愿。[7] 他们没有什么特殊之处。[8] 然而，他们却神圣无比。[9] 因为他们接受了自己的神圣性，决心放弃分裂梦境里所有的特殊能力或特殊价值；因为只有仍在做梦的人才可能施舍给比自己不幸的人那象征着不平等的礼物。[10] 疗愈恢复了他们生命的完整，他们才可能宽恕，且融入所有疗愈之人向上主吟唱的合一与感恩之颂。

2. 作为宽恕的见证、祈祷的助手以及真正的慈悲之果，疗愈本身即是上主的祝福。[2] 全世界都会透过祈祷之音欢欣地齐声响应。[3] 宽恕散发出仁慈的赦罪之光，照耀世上一切有情生命，甚至草木飞禽。[4] 恐惧在此已无立足之地，因爱已借由这神圣的一体性而降临于所有的人。[5] 时间在世上只剩下一瞬的光景，供祈祷最后再拥抱人间一次，世界就会在光明中逐渐消逝。[6] 每一位地道的疗愈工作者都在期待这一刻的来临，因基督已经教他们如何在别人身上认出他的肖像，并以同样方式去教别人。

3. 不妨深思一下“协助基督疗愈”这份工作的意义。[2] 还有什么比这更神圣的事？[3] 上主对他的疗愈工作者满怀感激之情，因他知道疗愈的终极之因就是他自己，他的圣爱与他的圣子会再度圆满他的生命，还会回头与他分享创造的神圣喜乐。[4] 别再追求片面的疗愈了，切莫借助任何偶像来唤起你对上主的记忆，上主的圣爱不曾改变，也永恒不渝。[5] 他珍惜你一如珍惜他的整个造化，因整个造化就在你内，这是他给你的永恒礼物。[6] 此刻，这个哀伤世界的无常梦境对你还有何用？[7] 不要忘了上主对你的感恩。[8] 不要忘了祈祷的神圣恩典。[9] 更不要忘了上主之子的宽恕。

4. 先宽恕，再祈祷，然后你才会获得疗愈。[2] 你的祈祷已经上达天听，他不只听到，也答复了。[3] 你终会明白，你的宽恕与祈祷其实都是为你自己的益处。[4] 了解这一点，你就会不药而愈了。[5] 在这祈祷中，你不只与自己的生命之源结合，还会恍然大悟自己原来从未离开过这源头一步。[6] 然而，你心中若还隐藏一丝恨意或攻击上主之子的企图，是不可能有此觉悟的。

5. 切莫忘记：那位上主之子其实是你自己，你选择在他面前活成什么样的人，你对自己以及上主对你就成了那样的人。[2] 不论你作何判断，必会直接影响到你与上主之间的关系，因你认为他在造化中扮演什么角色，你就已赋予了他那一身份。[3] 不要作错了选择，否则你很可能篡夺了造物主的地位而自立为神；那么，他就不再是终极之"因"，而成了相对之果。[4] 一旦如此，你便永无疗愈的可能，因为你会将自己的谎言与罪咎归咎于他。[5] 原是圣爱的他，结果成了你的恐惧之源，而且恐惧在此会显得天经地义。[6] 于是，因果报应成了他的天职。[7] 死亡则是他手下的头号刽子手。[8] 疾病、痛苦及失落的悲痛都成了人类的宿命，因为上主已经遗弃了人类，听任魔鬼蹂躏也誓不拯救。

6. 再度回到"我"这儿来吧，孩子，勿让那些妄念扭曲了你的心灵。[2] 你依旧神圣无比，因天父的神圣本质不只保全了你完美无罪的本性，他平安的臂膀始终环抱着你。[3] 如今，你可以做疗愈之梦了。[4] 然后你才能永远舍下一切梦境，义无反顾。[5] 你仍是天父的至爱，从未离家一步，你并没有落难于这个蛮荒世界，也不曾沉重地踏着血迹斑斑的脚步，抵制上主的圣爱，也就是你的真相。[6] 把所有的梦都交托给基督吧，让他领你走上疗愈之路，引导你的祈祷越过苦难的世界而上达天听。

7. 基督是为"我"而来的，向你说出"我"的圣言。[2] "我"要从那充满敌意的梦中唤回"我"筋疲力尽的圣子，返回永恒圣爱及完美平安的甜蜜怀抱。[3] "我"向"我"的爱子张开了双臂，纵然他毫不知情自己早已痊愈了，其实，他的祷音一直都在神圣的爱中与整个造化齐声欢唱感恩之歌。[4] 给自己一瞬的寂静吧！[5] 在你生死存亡的杀伐声下，上主的天音向你倾诉着"我"的真相。[6] 你只要在一瞬之间闻得天音，你就疗愈了。[7] 只要在一瞬之间闻得天音，你就得救了。

8. 与"我"一起由充满报应与惩罚的梦中唤醒"我"的孩子吧！他那生于恐惧且命在旦夕的卑微生命真的生不如死。[2] 让"我"恢复你对永生的记忆吧！在那儿，你的爱会与"我"的爱一同延伸至永恒，你的喜乐也会增长至无穷；时间与距离从此失去了存在的意义。[3] 只要你还踟蹰于人间这块伤心地，天堂之歌便无法圆满，因为你的生命之歌原是爱的永恒大合唱的一段旋律。[4] 缺了你，整个造化不得圆满。[5] 回到"我"这儿来吧！"我"从未离开过圣子一步。[6]"我"的孩子，听吧！你的天父正在呼唤你。[7] 不要再掩耳不闻爱的呼声了。[8] 不要再抵制基督了，他是天父的一部分。[9] 天堂就在当下，天堂才是你的家。

9. 上主的创造正倚在时间的栏杆上，为世界卸下它沉重的负担。[2] 高举你的心迎接这个新天新地吧。[3] 你会看到阴影正由上主圣子的身上静静地褪去，带血的荆棘也从他的额头上轻轻地松脱。[4] 神圣的孩子，你是何等可爱！[5] 与"我"何其肖似！[6]"我"无比慈爱地将你拥在"我"的心房及臂膀里。[7] 你疗愈了"我"的圣子，且将他由十字架上卸下，你献给"我"的每一个礼物，我都珍惜无比！[8] 来吧！收下"我"献给你的感谢。[9]"我"的谢礼最先给你的是宽恕，然后才是永恒的平安。

10. 现在，将你神圣的声音转向"我"吧。[2] 缺了你，祈祷的颂歌会喑哑失声。[3] 整个宇宙都在等候你的解脱，因为那也是它的解脱之日。[4] 仁慈地对待它以及你自己吧，如此，你才可能仁慈地待"我"。[5] 愿你感受得到上天的眷顾，不再活在恐怖与痛苦中，这是"我"对你的唯一祈求。[6] 不要背弃了"我"的圣爱。[7] 只须记住，不论你认为自己是谁，不论世界在你心目中算什么，你的天父需要你，他始终都在呼唤你，直到你平安回归于他为止。

图书在版编目（CIP）数据

奇迹课程 /（美）舒曼（Schucman,H.）编著；若水译. — 昆明：云南人民出版社, 2011.8
ISBN 978-7-222-08181-9

Ⅰ. ①奇… Ⅱ. ①舒… ②若… Ⅲ. ①心理健康—普及读物 Ⅳ. ①R395.6-49

中国版本图书馆CIP数据核字（2011）第158850号

著作权合同登记号：23-2011-075号

策划总监 南　北
出版统筹 杨雅茹
责任编辑 王绍来　朱海涛
责任校对 闵艳平
产品经理 吴　尘
特约编辑 王　叶
装帧设计 果　丹

奇迹课程
［美］海伦·舒曼　编著
若水　译

出　　版 云南出版集团公司
云南人民出版社
发　　行 云南人民出版社
社　　址 昆明市环城西路609号
邮　　编 650034
网　　址 http：//ynpress.yunshow.com
E-mail rmszbs@public.km.yn.cn
开　　本 635mm × 965mm　1/16
印　　张 87
字　　数 1000千字
版　　次 2011年10月第1版
印　　次 2011年10月第1次印刷
印　　刷 北京盛通印刷股份有限公司
书　　号 ISBN 978-7-222-08181-9
定　　价 199.00元（共三册）